PIANO · VOCAL · GUITAR

# THE BEST OF HOOTIE & THE BLOWFISH 1993 THRU 2003

ISBN 978-1-5400-5386-2

Visit Hal Leonard Online at
**www.halleonard.com**

Contact us:
**Hal Leonard**
7777 West Bluemound Road
Milwaukee, WI 53213
Email: info@halleonard.com

In Europe, contact:
**Hal Leonard Europe Limited**
42 Wigmore Street
Marylebone, London, W1U 2RN
Email: info@halleonardeurope.com

In Australia, contact:
**Hal Leonard Australia Pty. Ltd.**
4 Lentara Court
Cheltenham, Victoria, 3192 Australia
Email: info@halleonard.com.au

# HOLD MY HAND

Words and Music by DARIUS RUCKER,
DEAN FELBER, MARK BRYAN
and JIM SONEFELD

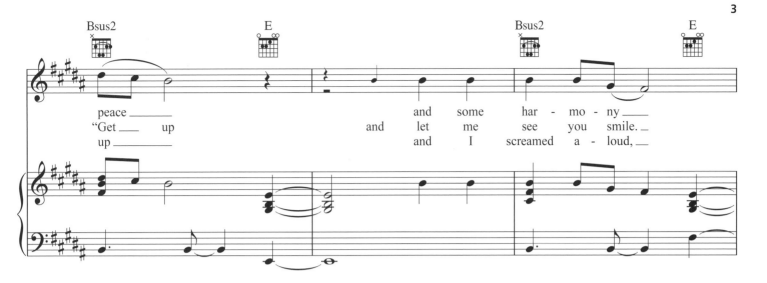

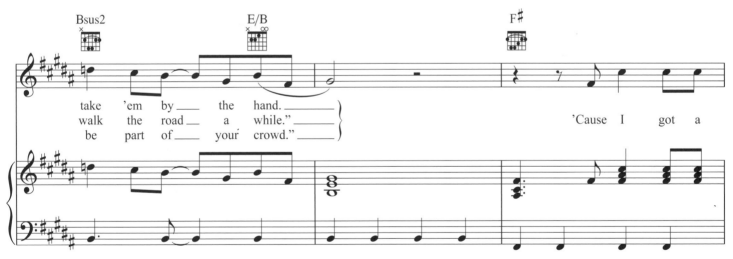

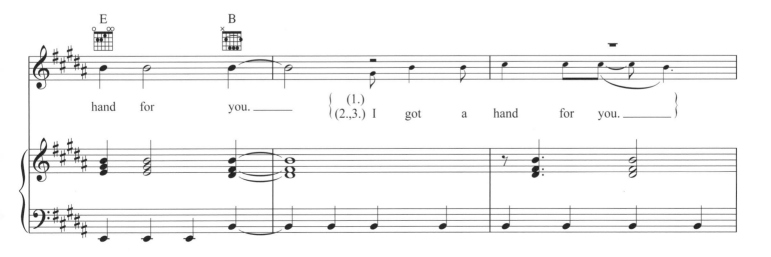

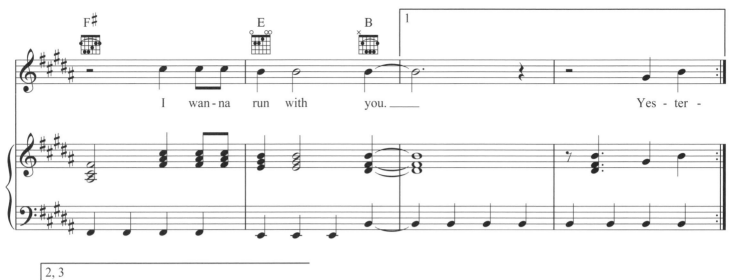

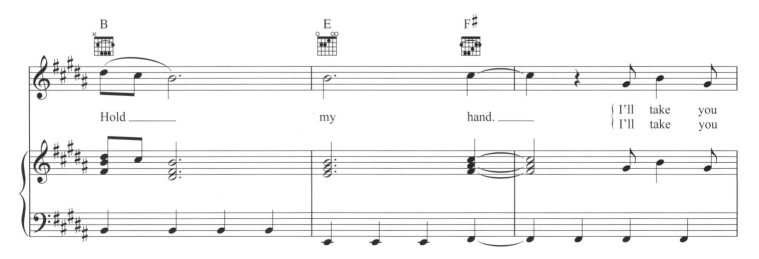

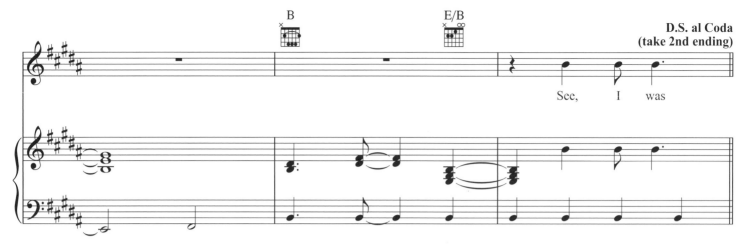

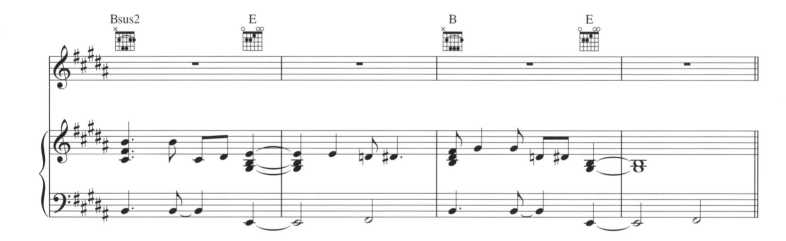

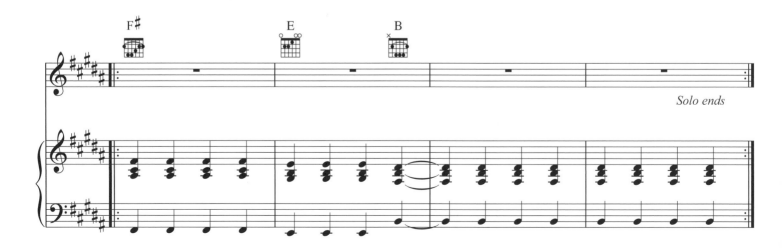

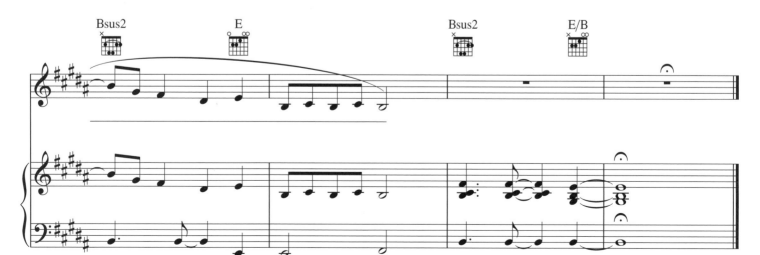

# HEY, HEY, WHAT CAN I DO

Words and Music by JIMMY PAGE,
ROBERT PLANT, JOHN PAUL JONES
and JOHN BONHAM

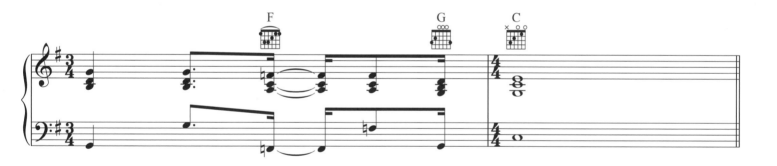

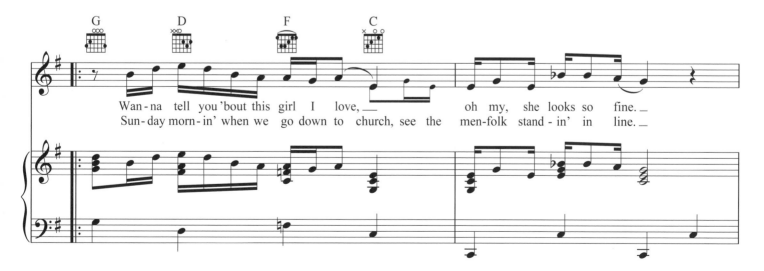

Wan-na tell you 'bout this girl I love, \_\_\_\_ oh my, she looks so fine. \_\_\_\_

Sun-day morn-in' when we go down to church, see the men-folk stand-in' in line. \_\_\_\_

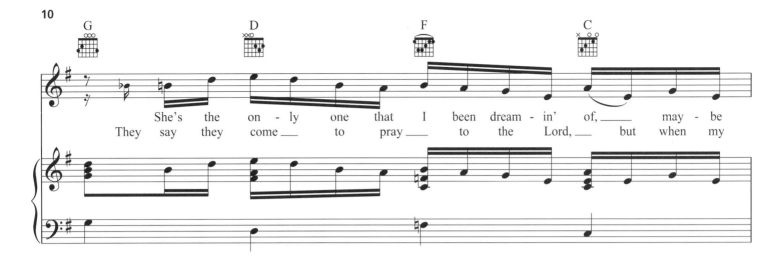

She's the on-ly one that I been dream-in' of, _____ may-be
They say they come ___ to pray ___ to the Lord, ___ but when my

some-day she'll be all mine. _
lit-tle girl, she looks so fine. _

I wan-na tell her that I love her so, _____ and
And in the eve-nin' when the sun is sink-in' low, _ ev-'ry-

thrill her with my ev-er-y touch. _
bod-y's with the one they ___ love. _

I need to tell her she's the on-ly one I
I walk the town, keep a-search-in' all a-

real-ly love. _____
round, _____ look-in' for my street cor-ner girl. _

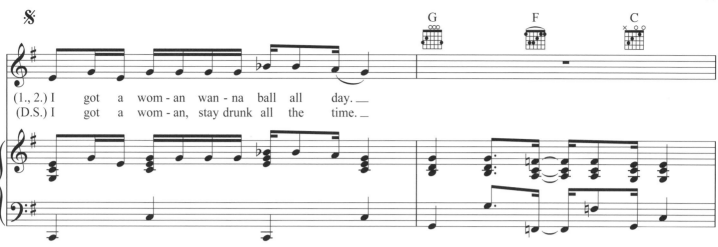

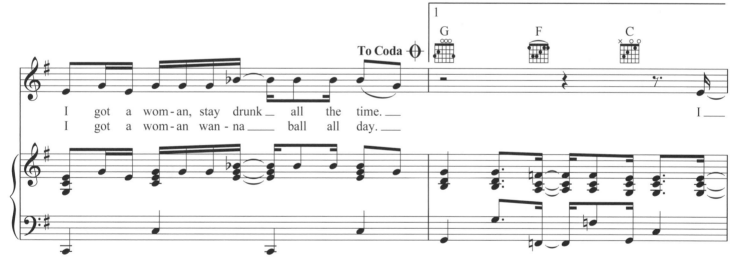

got a lit-tle wom-an and she won't be true. __ In the bars with the men who play gui-tars, __ sing-in',

drink-in' and re-mem-b'rin' the time. __ My lit-tle lov-er does a mid-night shift, __

fool a-round all the time. __ I guess there's just one thing left __ for me to do __ when I

pack my bags and move on my way. __ 'Cause I got a wor-ried mind __ shar-in' what I thought was

**D.S. al Coda**

mine.  Gon-na leave her where the gui-tars play. __

**CODA**

Whoa, I got a lit-tle wom-an and she won't be __ true. __

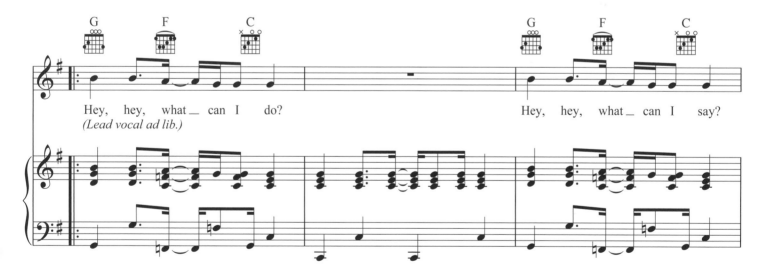

Hey, hey, what __ can I do?
*(Lead vocal ad lib.)*

Hey, hey, what __ can I say?

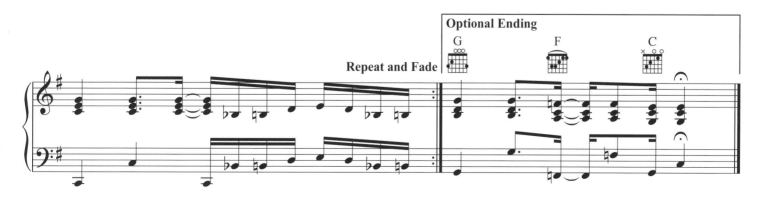

**Optional Ending**

**Repeat and Fade**

# ONLY WANNA BE WITH YOU

Words and Music by DARIUS RUCKER,
EVERETT FELBER, MARK BRYAN
and JIM SONEFELD

**Moderately fast Rock**

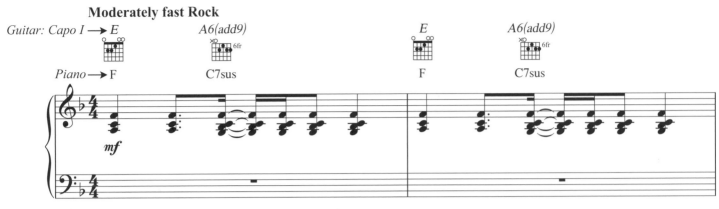

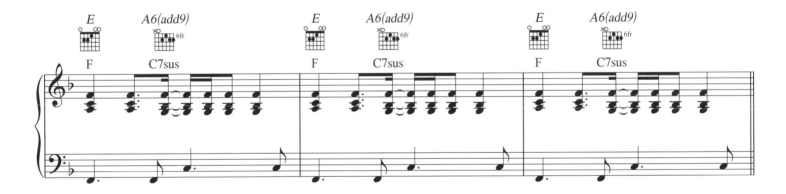

You and me, ___ we come from dif - f'rent worlds. ___

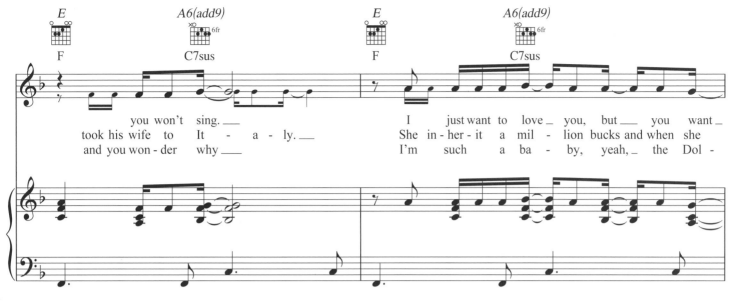

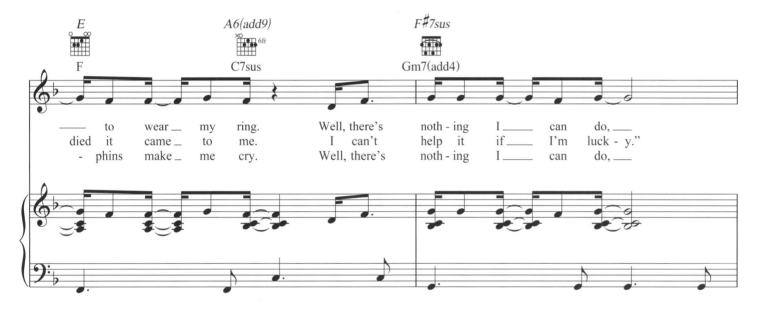

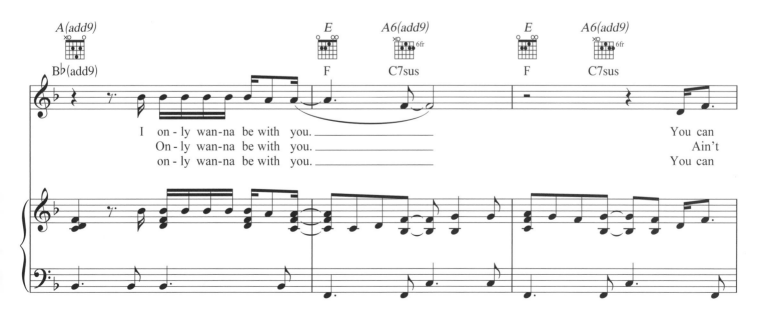

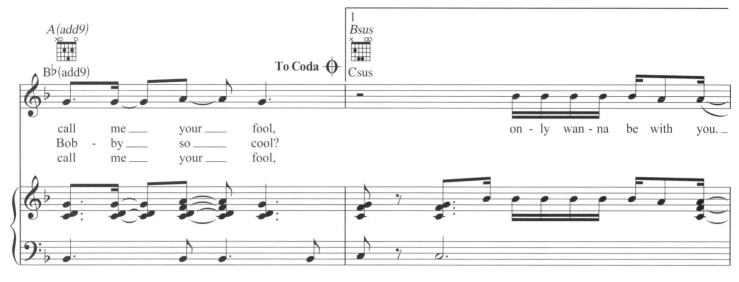

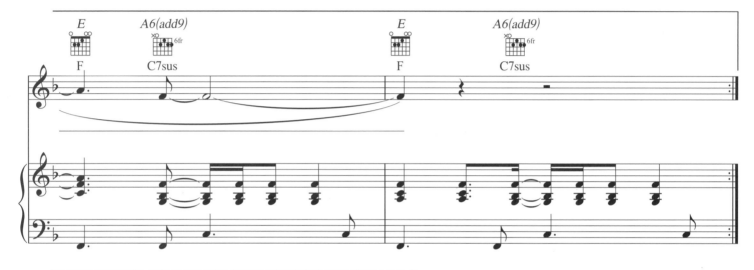

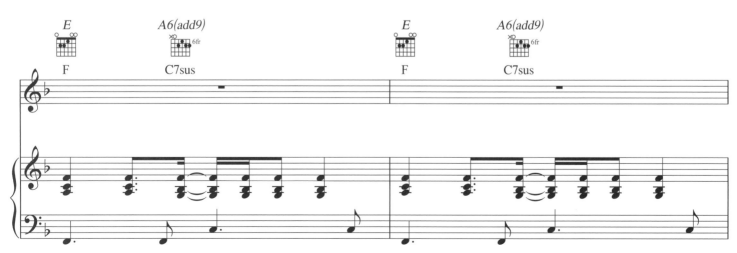

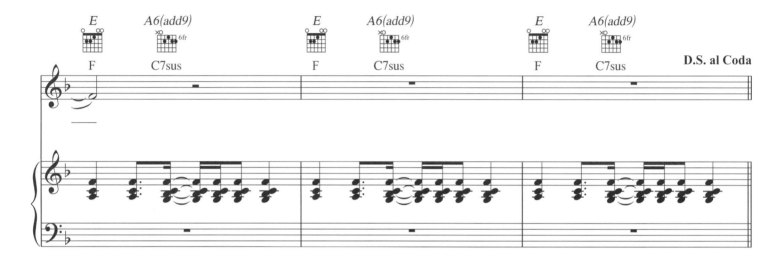

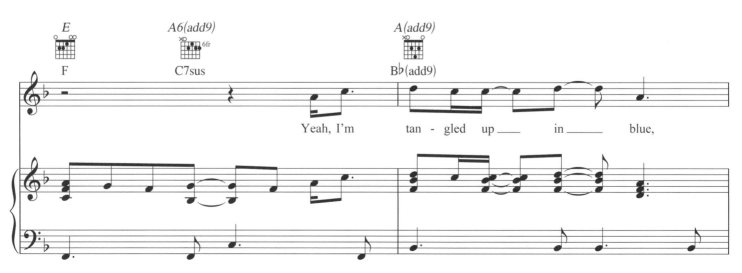

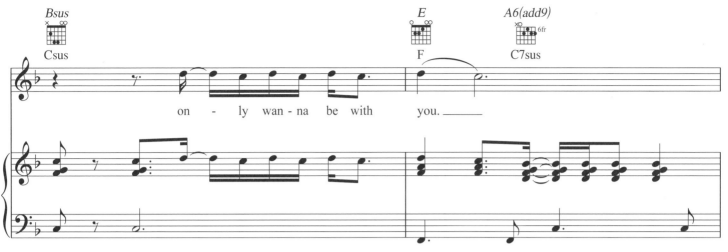

on - ly wan - na be with you. _____

on - ly wan - na be with you, _____

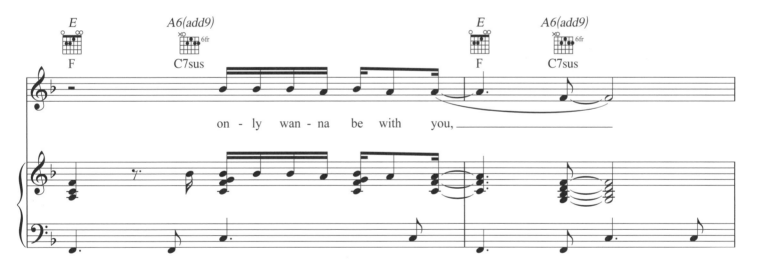

on - ly wan - na be with you, _____

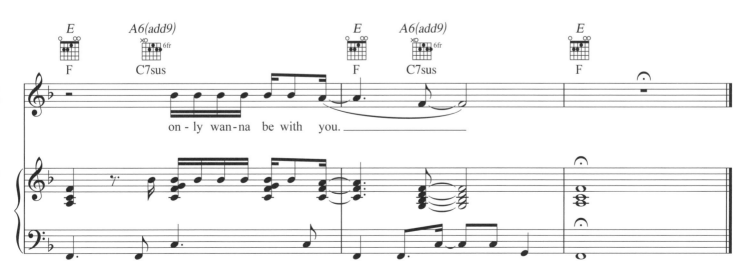

on - ly wan - na be with you. _____

# TIME

Words and Music by DARIUS RUCKER,
DEAN FELBER, MARK BRYAN
and JIM SONEFELD

**Medium Rock**

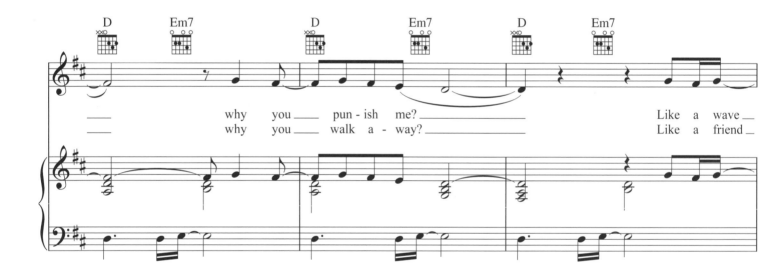

you left___ me_____ cry - in'.___

Can you teach me 'bout ___ to - mor - row ___ and all ___ the pain ___ and ___ sor - row,

run - nin' ___ free? _____ 'Cause to - mor - row's just ___ an - oth - er day ___

___ and I don't be - lieve ___ in time.

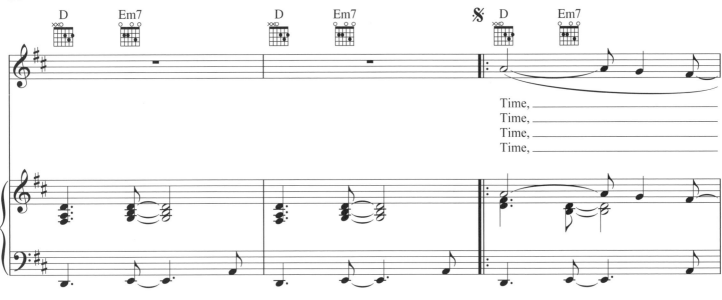

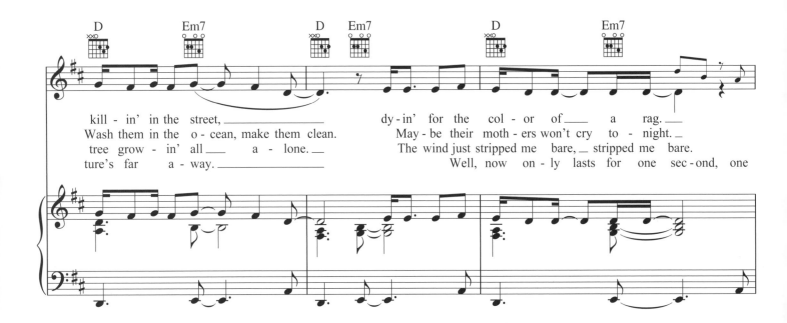

sec - ond.

Can you teach me 'bout__ to - mor - row ____ and all __

____ the pain __ and sor - row, run - nin' __ free? _____ 'Cause to -

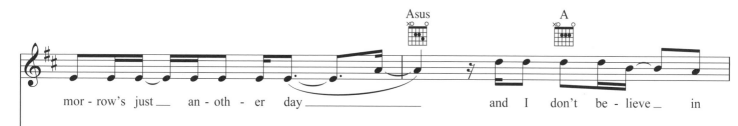

mor - row's just __ an - oth - er day _____ and I don't be - lieve _ in

Time is wast - in', time is walk - ing. You ain't __ no friend __ of mine. ____

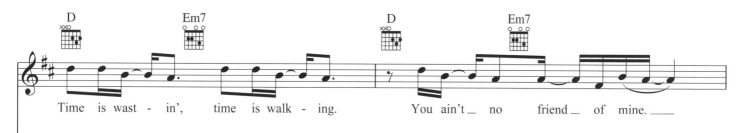

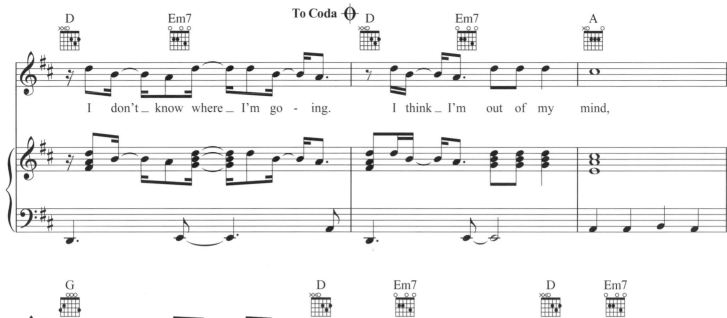

I don't _ know where _ I'm go - ing. I think _ I'm out of my mind,

think - in' a - bout _____ time. _____

And if I die _ to - mor - row, yeah, __ just lay me down _ to _____ sleep. _

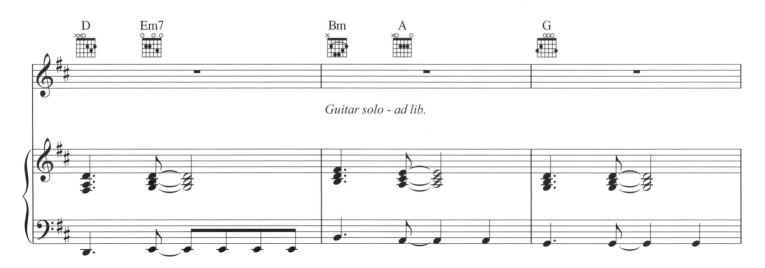

*Guitar solo - ad lib.*

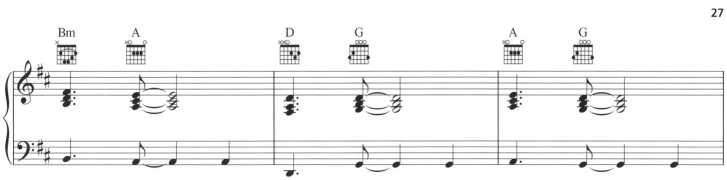

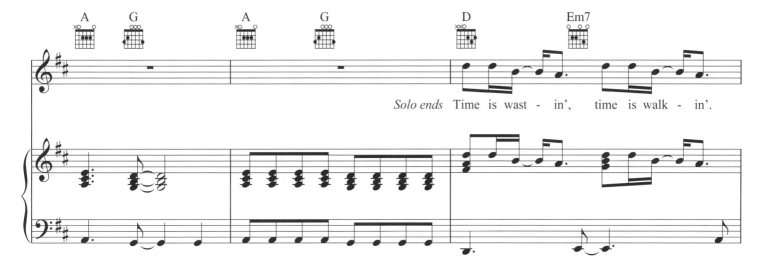

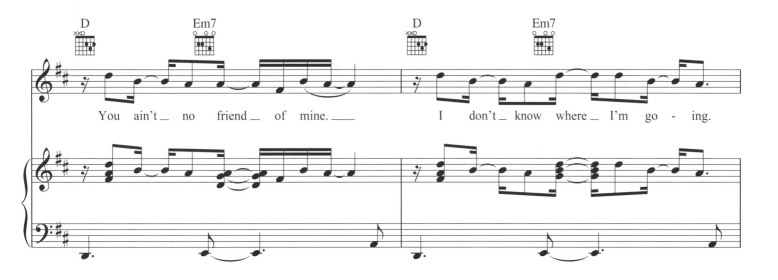

*Solo ends* Time is wast - in', time is walk - in'.

You ain't _ no friend _ of mine. ___ I don't _ know where _ I'm go - ing.

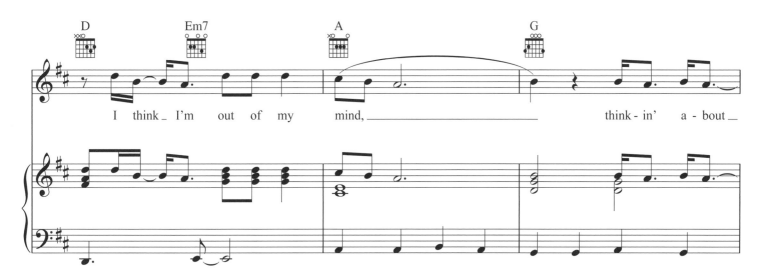

I think _ I'm out of my mind, _____ think - in' a - bout _

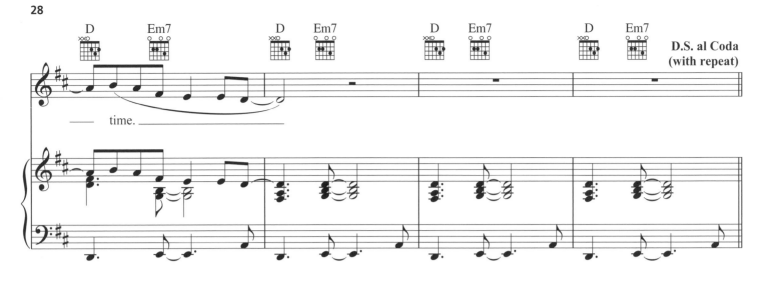

**D.S. al Coda**
**(with repeat)**

time.

**CODA**

I think I'm out __ of my mind. __ Walk - in', wast - in',

You ain't __ no friend __ of mine. I don't __ know where __ I'm go - in', __

lost, no, no, no. Time with - out cour - age and time __ with - out fear is __ just

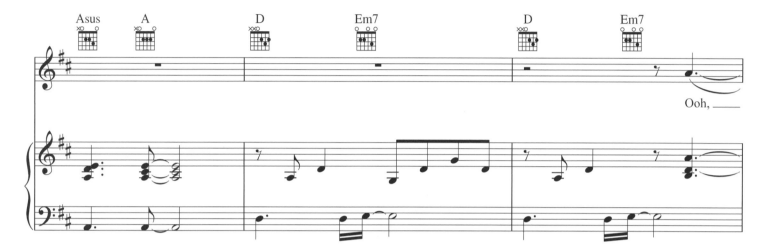

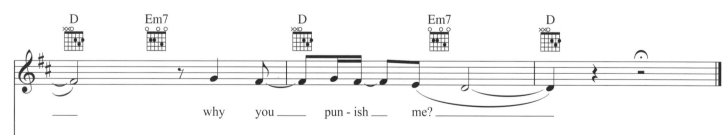

# LET HER CRY

Words and Music by DARIUS RUCKER,
DEAN FELBER, MARK BRYAN
and JIM SONEFELD

Moderately slow Rock

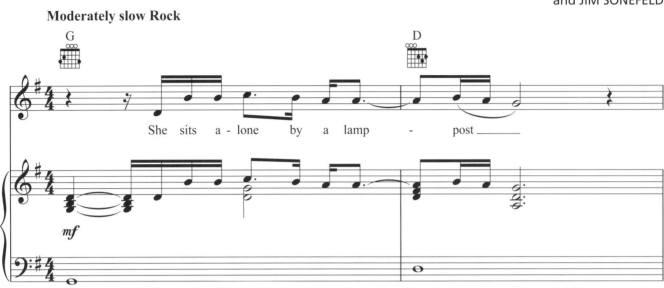

She sits a-lone by a lamp-post _____

try'n' to find a thought that's es-caped ____ her mind. ____ She says, "Dad's ___ the one I ____ love ____

____ the most, _____ but Stipe's ___ not far be-hind." _____

pray to God ___ you got-ta help me fly ___ a - way. And just
sat back down, ___ had a beer ___ and felt sor - ry for my - self. Say - in', } let her cry ___
"Oh, ma - ma, ___ please help me. ___ Won't you hold my hand?" ___ And

___ if the tears ___ fall down ___ like rain. _____ Let her sing ___

___ if it eas - es all ___ her pain. ___ Let her go, ___

___ let her walk ___ right out on ___ me. _____ And if the

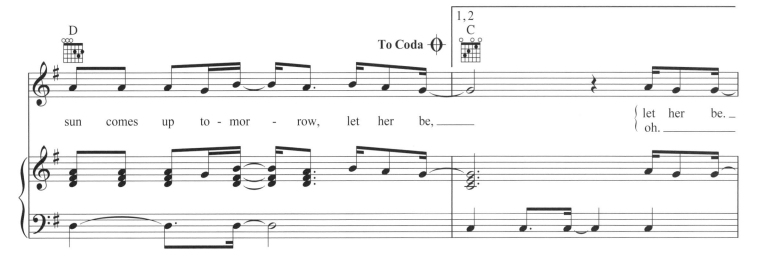

sun comes up to - mor - row, let her be, _____ let her be. _
oh. _____

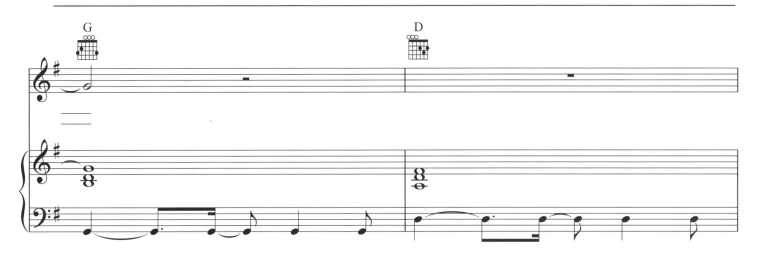

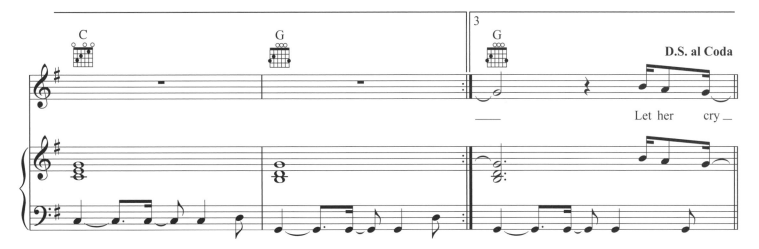

_____ Let her cry _

oh, _____ let her be. _____

# NOT EVEN THE TREES

Words and Music by DARIUS RUCKER,
DEAN FELBER, MARK BRYAN
and JIM SONEFELD

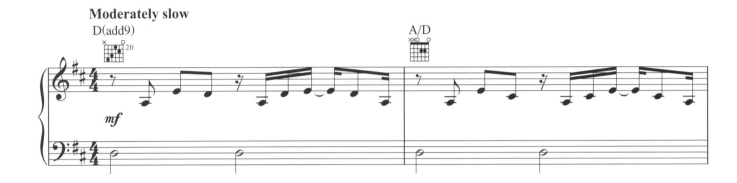

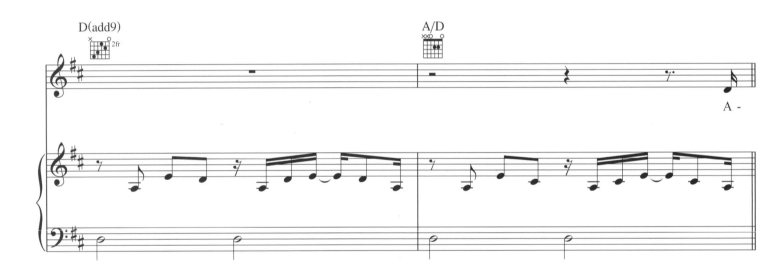

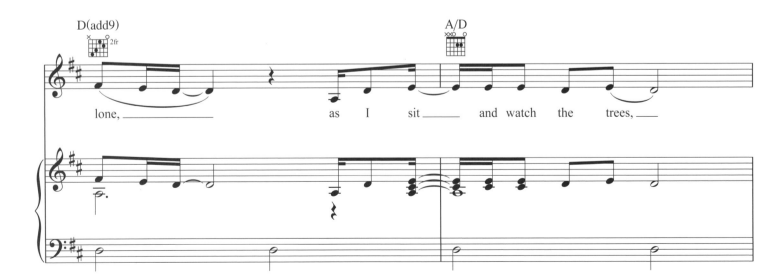

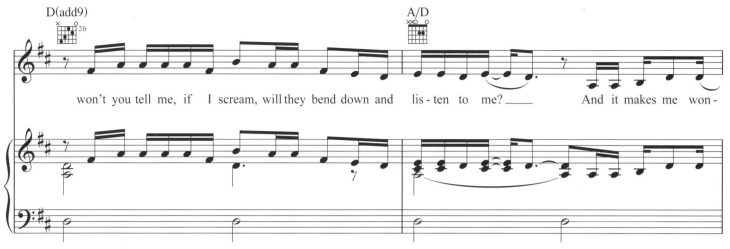

won't you tell me, if I scream, will they bend down and lis-ten to me?_____ And it makes me won-

-der, if I'll know the words, when you come,_____ will you laugh_

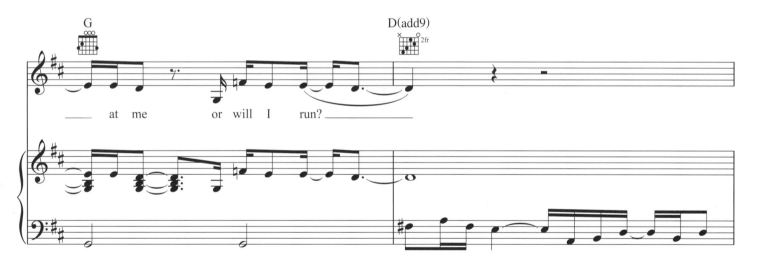

_____ at me or will I run?_____

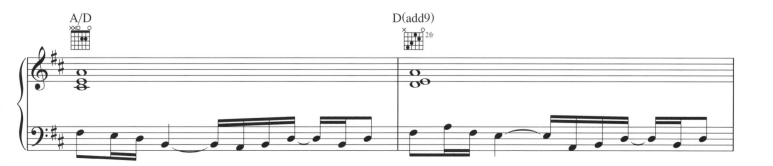

Lit - tle boy says ___ to me, "Where you go -
Ly - in' down in Charles - ton un - der the Car -
And now my days ___ are short and my nights

in' now, son?" I said, "I don't ___ know where I'm go - in', boy, I on - ly
o - li - na sky. You see, I'm tired ___ of feel - ing this pain, I'm tired of
are long. I lay down with ___ mem - o - ries of you that keep me

know where I'm from." _____ And it makes me won - der if the stars ___ shine
liv - in' my own lit - tle lie. And it makes me won - der, when I see
go - in' on, go - in' on. ___ And it makes me won - der, as I sit and

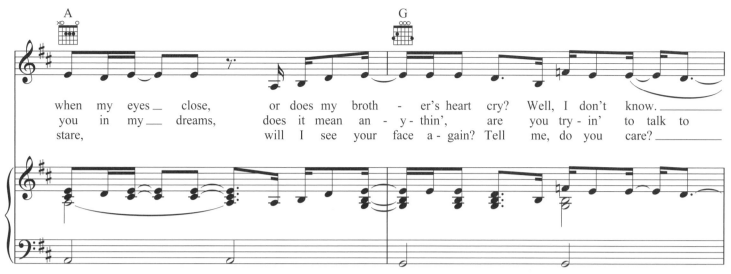

when my eyes__ close,  or does my broth - er's heart cry? Well, I don't  know.__
you in my__ dreams,  does it mean an - y - thin', are  you try - in'  to talk to
stare,  will I see your face a - gain? Tell  me, do you  care?__

__ me?

I'm  a stran - ger in my__ home__
I'm  a stran - ger in my__ home.__
I'm  a stran - ger in my__ home,__

__
__
__

now that ev - 'ry - bod - y's gone.__
Tell me, are  you feel - ing a - lone?__
liv - in' life  on my own.__

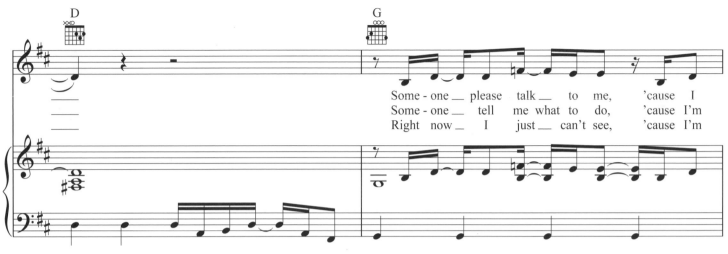

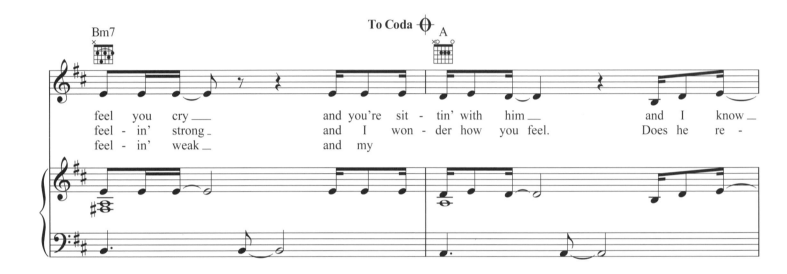

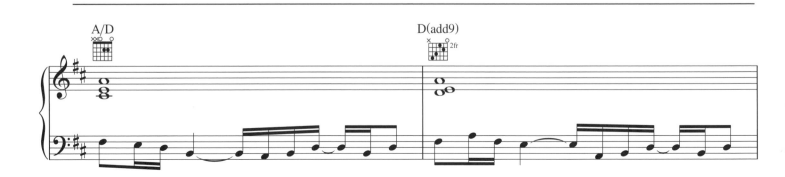

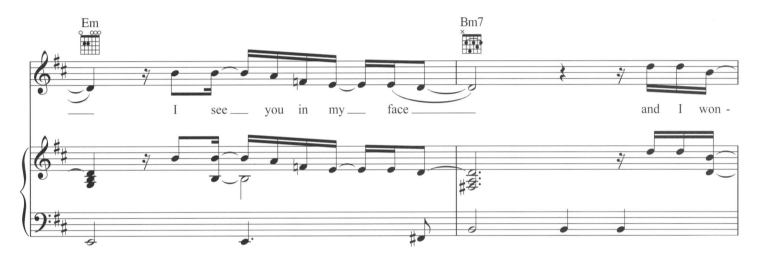

re-al-ize ___ he came ___ down here, ___ he took you too soon? ___ Oh, ___

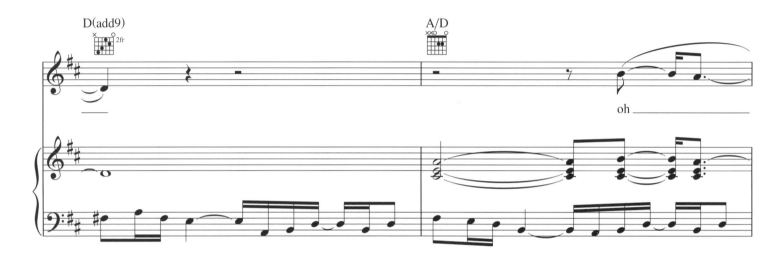

oh ___

___ no. ___

**D.S. al Coda**

soul be-gins to bleed, ___ oh. ___ And no one's lis - ten-ing to me, not e-ven the trees. ___

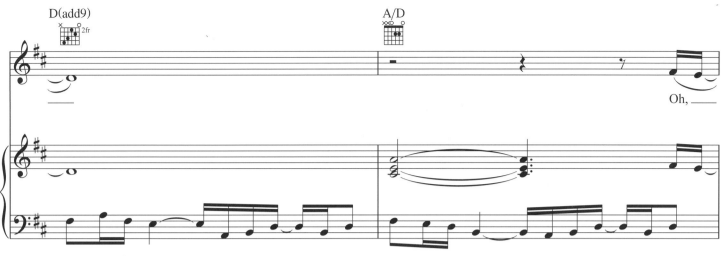

Oh, _____

no, _____ no, _____ no, _____ no, _____ no.

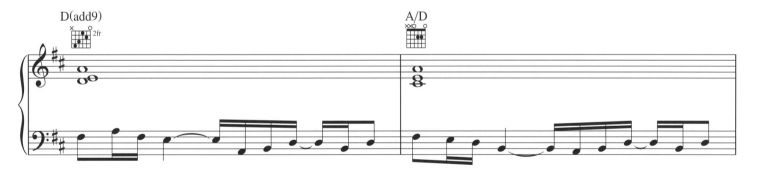

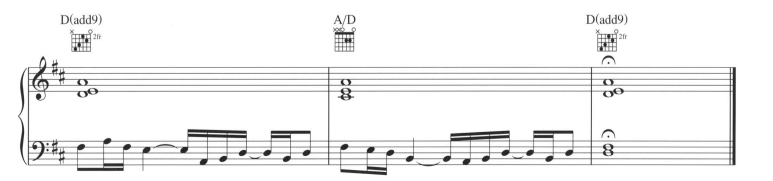

# OLD MAN & ME
## (When I Get to Heaven)

Words and Music by DARIUS RUCKER,
DEAN FELBER, MARK BRYAN
and JIM SONEFELD

**Up-tempo Rock**

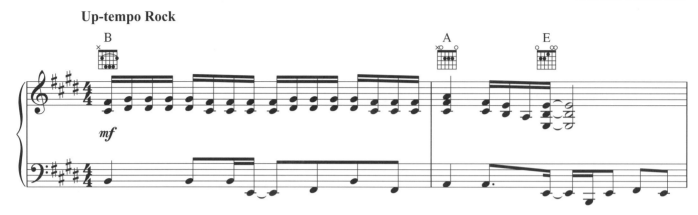

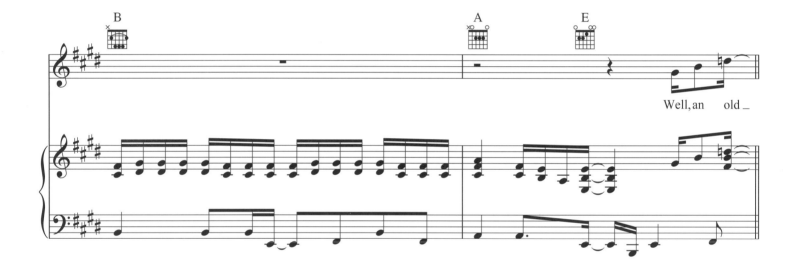

Well, an old __

__ man said __ to me __ in a voice __ filled with pain, __ "Where you go-
__ I __ was young __ once, yeah, __ I was __ tough, sail-ing on
-an sit-ting next to me, she's __ been there for a long,

- ing, young man?"          Said I'm
Un - cle Sam's boat.          Hey, I could
_____ long time.         And when I

going to fight _ a war, _   gon - na fight ____ for my coun - try in some
kill the en - e - my, _    I could die ____ on for - eign _ streets, but I
fell, she picked me up; ___  when I cried, ___ she wiped my tears. I thank

for - eign land. _____       He said, _ "The sun _
could not vote. _____      But now _ you walk _
God she's mine. _____       And when _ I leave _

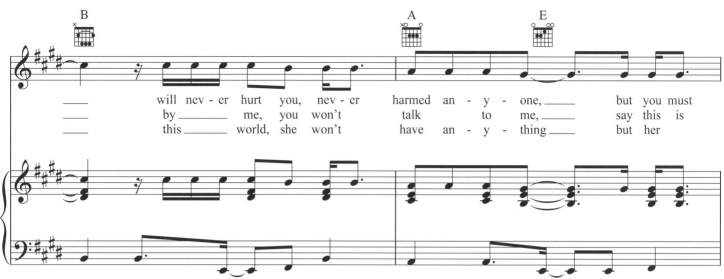

will nev-er hurt you, nev-er harmed an-y-one, ___ but you must
by ___ me, you won't talk to me, ___ say this is
this ___ world, she won't have an-y-thing ___ but her

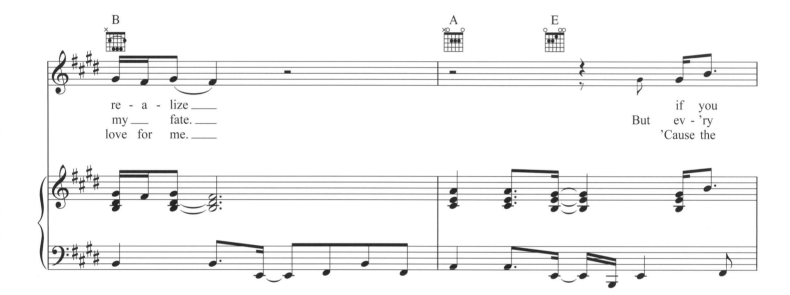

re-a-lize ___ if you
my ___ fate. ___ But ev-'ry
love for me. ___ 'Cause the

try to stare ___ her down, ___ she will win ___ in the end. ___ She will
time you walk ___ the streets, ___ boy, most of ___ them you meet. You see it's
man took ev-'ry-thing else, made me hate my-self, ___ so just

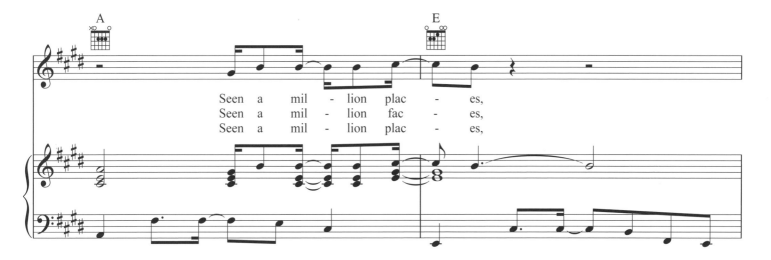

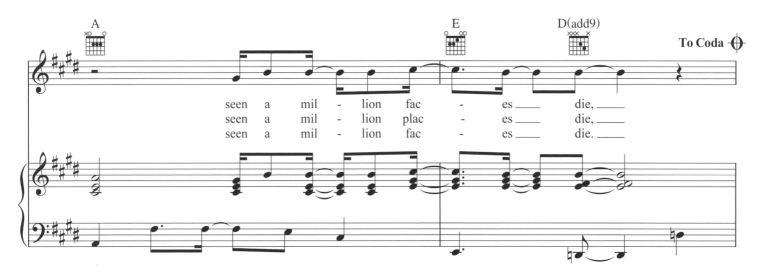

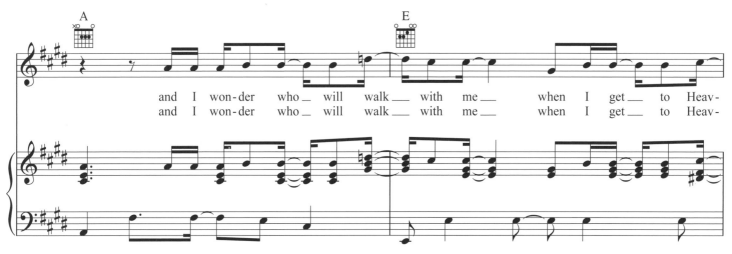

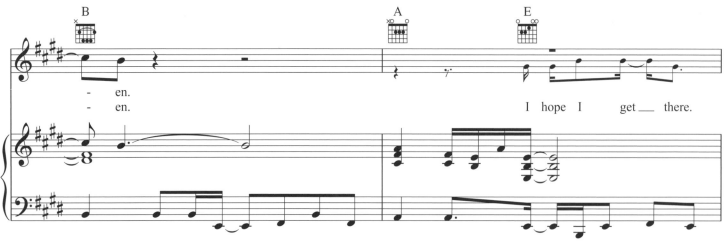

- en.
- en.

I hope I get ___ there.

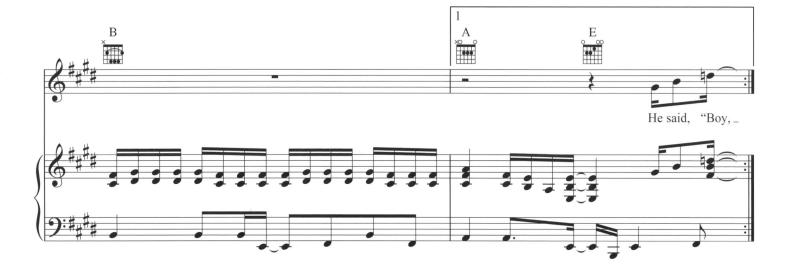

He said, "Boy, _

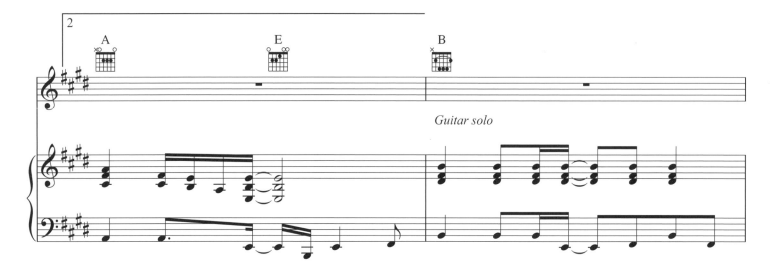

*Guitar solo*

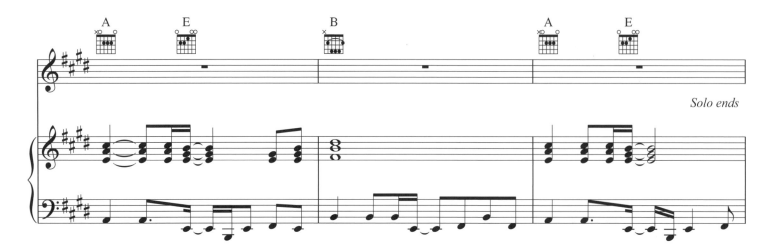

*Solo ends*

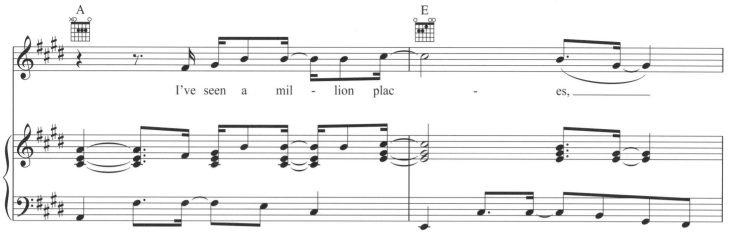

I've seen a mil - lion plac - es, _____

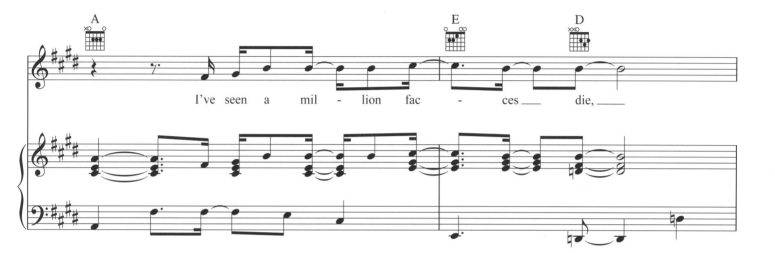

I've seen a mil - lion fac - ces ___ die, _____

and I won - der who ___ will walk ___ with me ___ when I get _____

___ there. _____

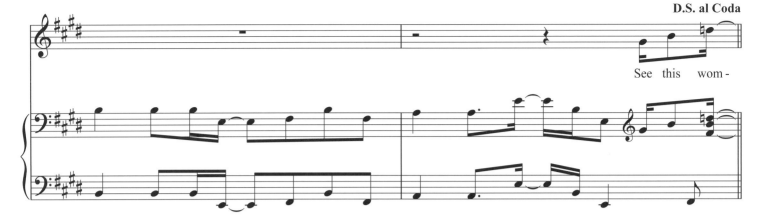

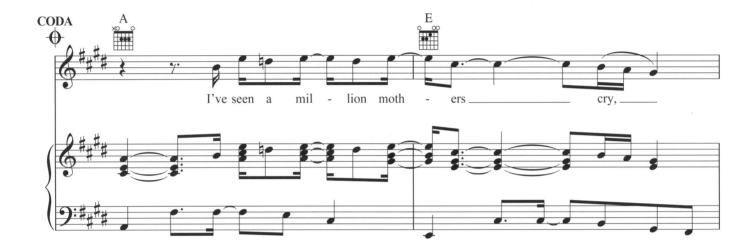

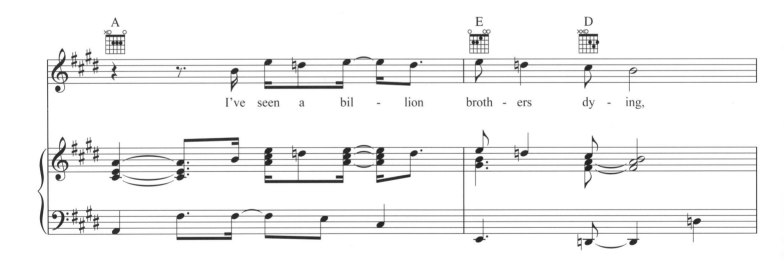

when I get __ to Heav-

-en, _____ when I get there, __

when I get __ to Heav-

-en.

rit.

# TUCKER'S TOWN

Words and Music by DARIUS RUCKER,
DEAN FELBER, MARK BRYAN
and JIM SONEFELD

**Moderately, not too fast**

Star - ing back ___ at you,
Just wish they'd turn a - round,

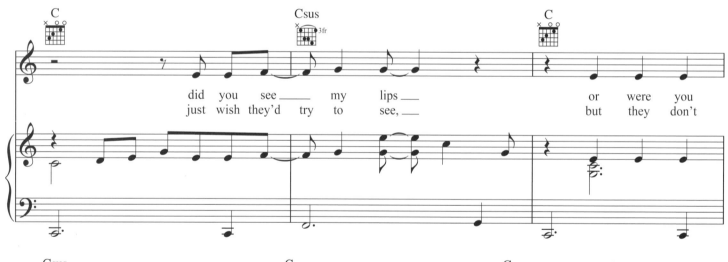

did you see ___ my lips ___ or were you
just wish they'd try to see, ___ but they don't

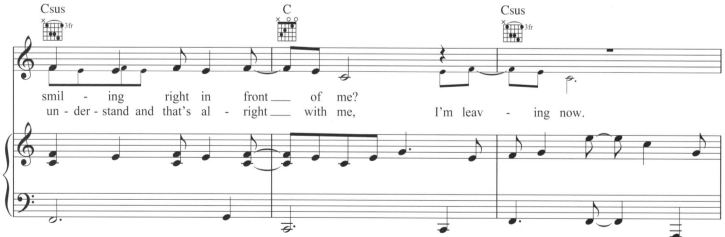

smil - ing right in front ___ of me?
un - der - stand and that's al - right ___ with me, I'm leav - ing now.

Your fa - ther called __ my name, __ then he smiled with great __
Go - ing down to Tuck - er's Town __ where I can lie __

__ re - lief 'cause it was - n't me __ you were cling - ing
__ for free, no - bod - y stares at __ me __ and I'd

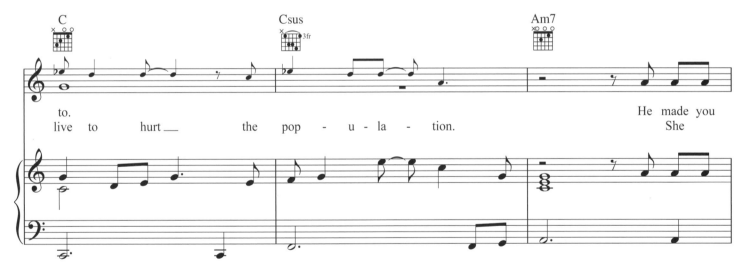

live to hurt __ the pop - u - la - tion. He made you
to. She

turn a - round, __ you do that __ thing you do and then you laughed __
called last night; __ I said I'm a - bout to leave. Then I heard __

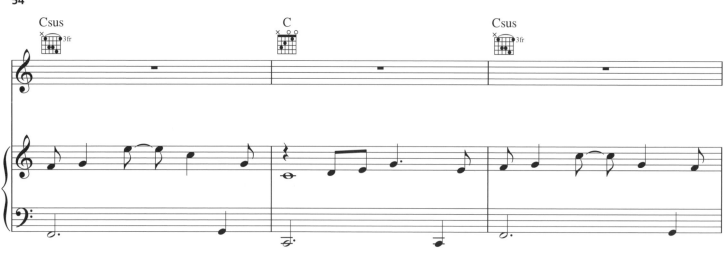

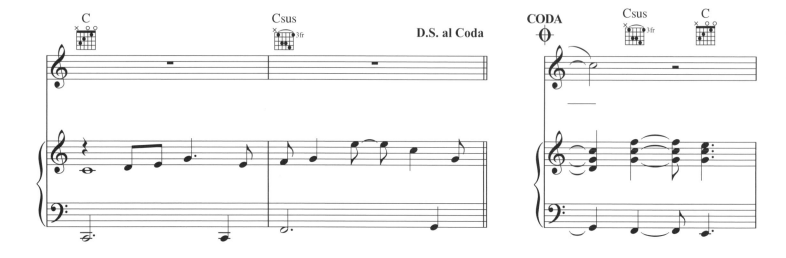

to see the world _____ through your ros -

- y glass - es.          I'll teach her to fly, _____

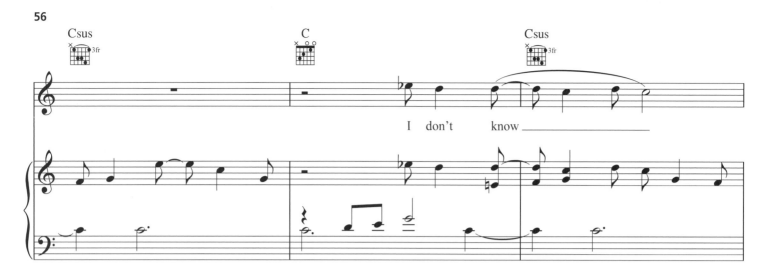

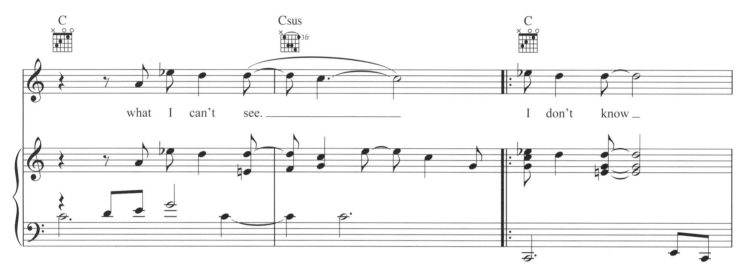

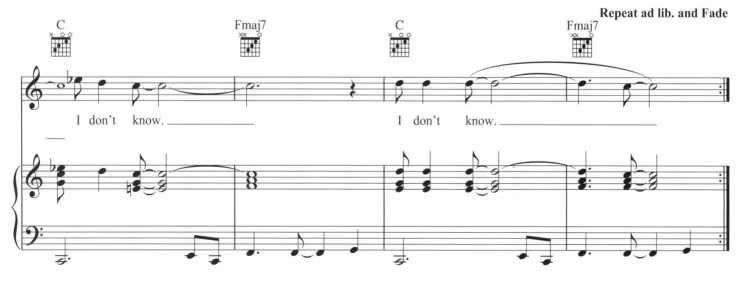

# I GO BLIND

Words and Music by BRAD MERRITT,
DARRYL NEUDORF, NEIL OSBORNE
and PHIL COMPARELLI

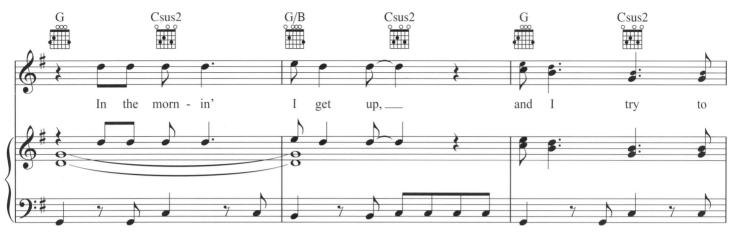

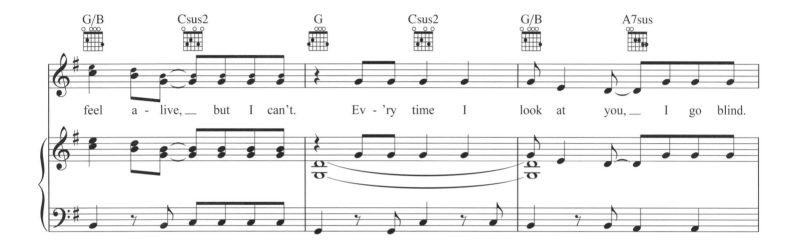

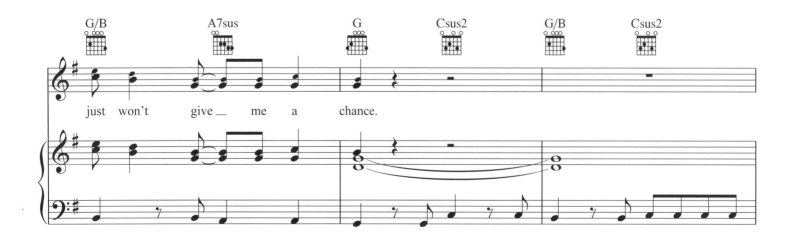

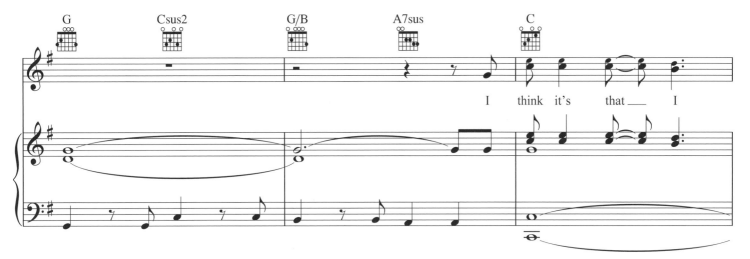

I think it's that ___ I

feel more con - fused by the deal ___ love has shown ___

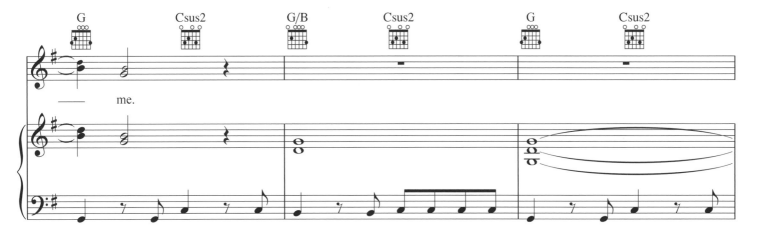

___ me.

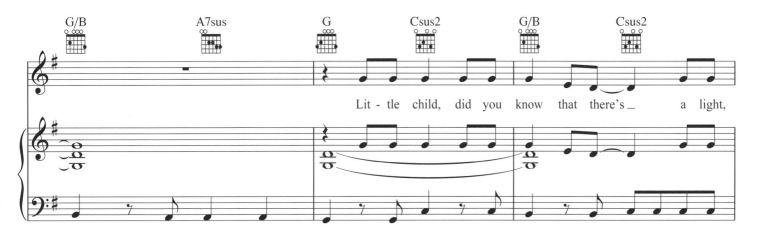

Lit - tle child, did you know that there's ___ a light,

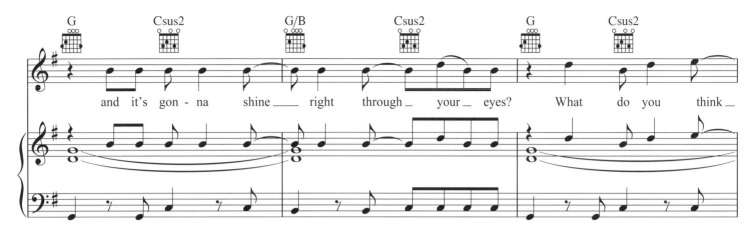

and it's gon - na shine _____ right through _ your _ eyes? What do you think _

_ that life _ is like? _____ Ev -'ry time I look at you, _ I go blind.

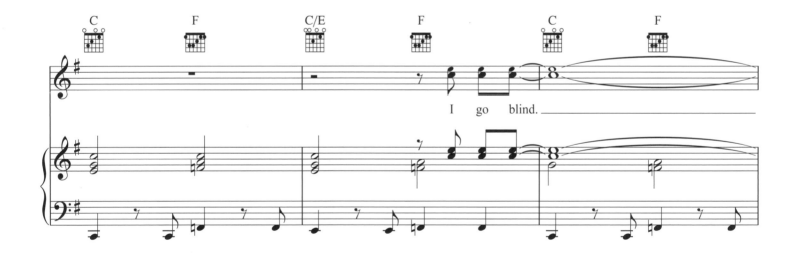

I go blind. _____

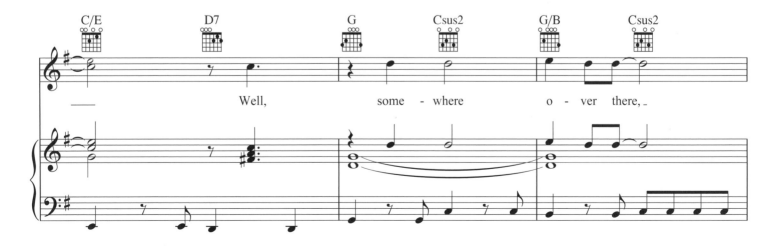

_ Well, some - where o - ver there, _

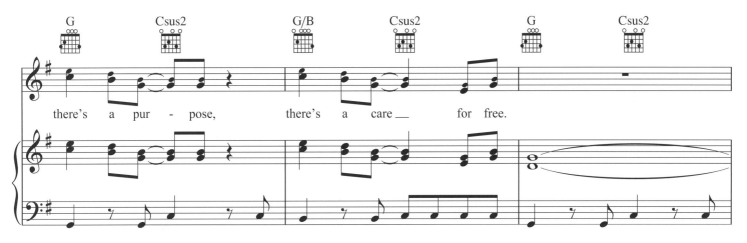

there's a pur - pose, there's a care ___ for free.

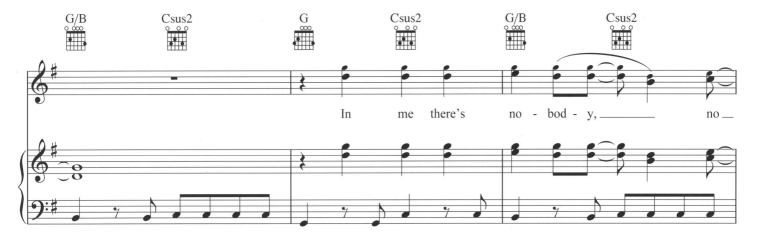

In me there's no - bod - y, ___ no ___

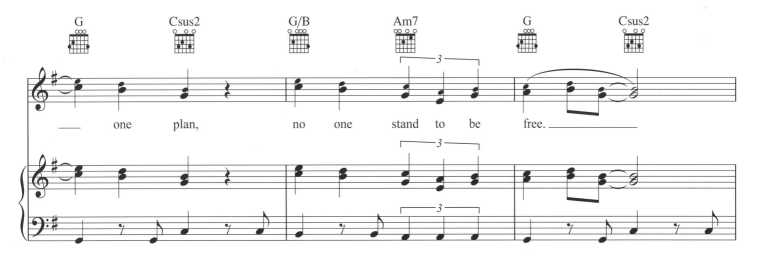

___ one plan, no one stand to be free. ___

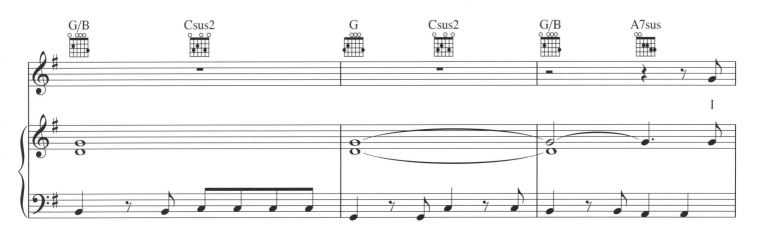

I

think it's that ___ be - cause I have seen all the fuss ___

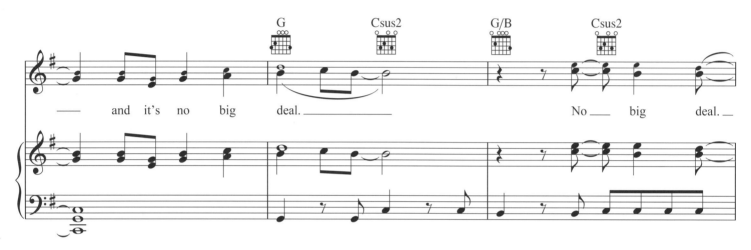

___ and it's no big deal. ___ No ___ big deal. ___

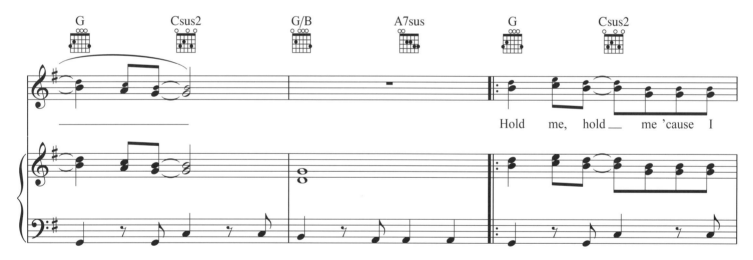

___ Hold me, hold ___ me 'cause I

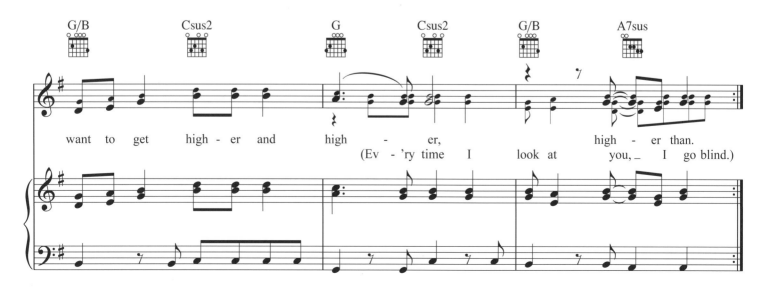

want to get high - er and high - er, high - er than.
(Ev - 'ry time I look at you, ___ I go blind.)

Hold me, hold me 'cause I want to get high-er and high-er, (Ev-'ry time I

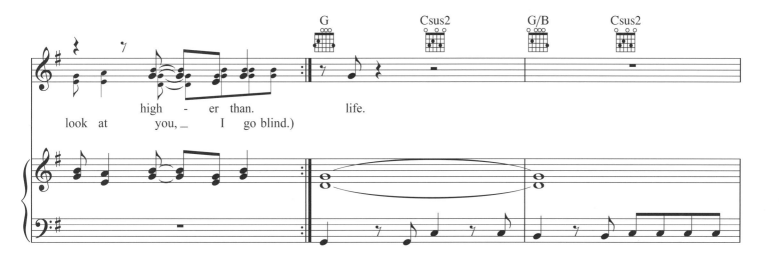

high-er than. life.
look at you, I go blind.)

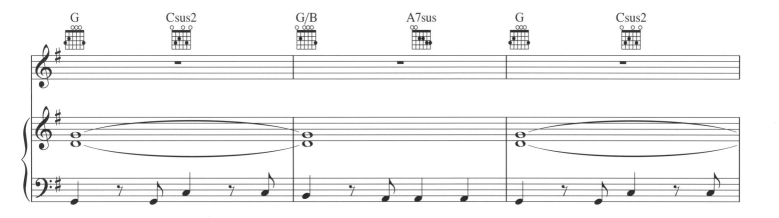

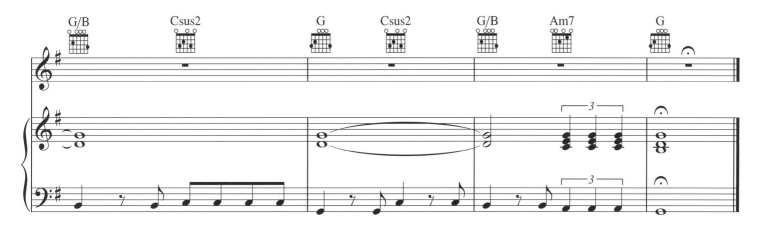

# SAD CAPER

Words and Music by DARIUS RUCKER,
DEAN FELBER, MARK BRYAN
and JIM SONEFELD

Moderately fast

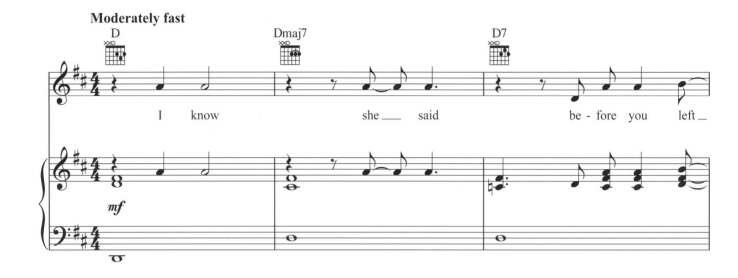

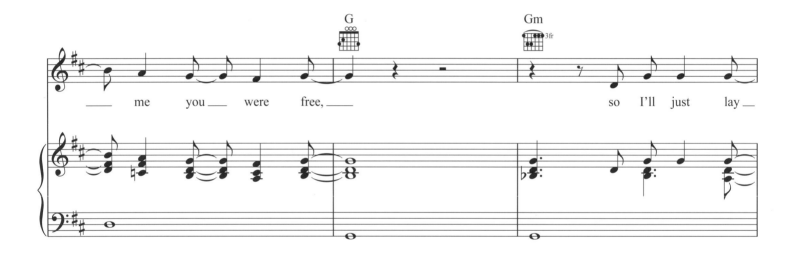

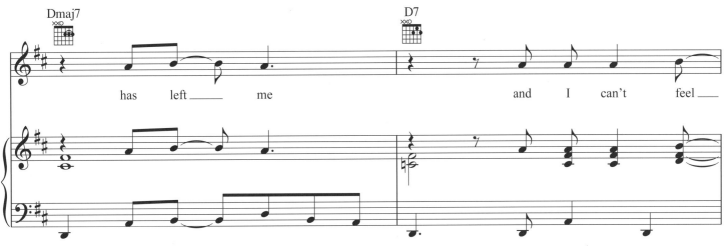

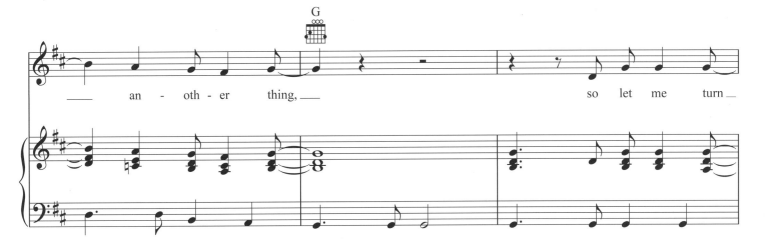

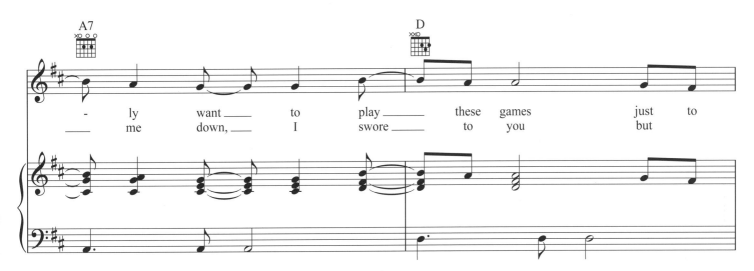

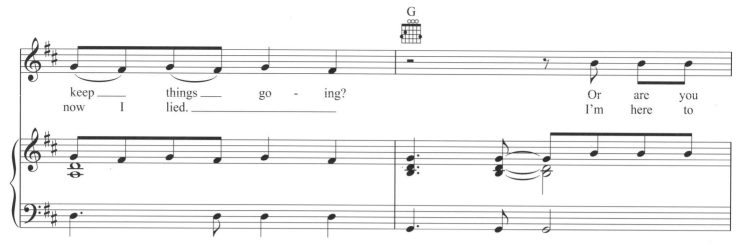

keep ___ things ___ go - ing? Or are you
now I lied. _____ I'm here to

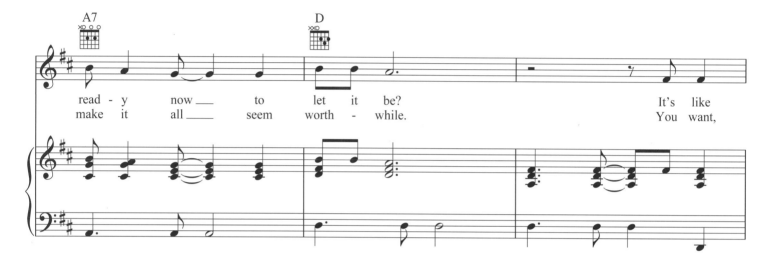

read - y now ___ to let it be? It's like
make it all ___ seem worth - while. You want,

some - times you want to see the rain but the sun gets in your eyes, ___
I ___ know, ___ but I'll have to try _____

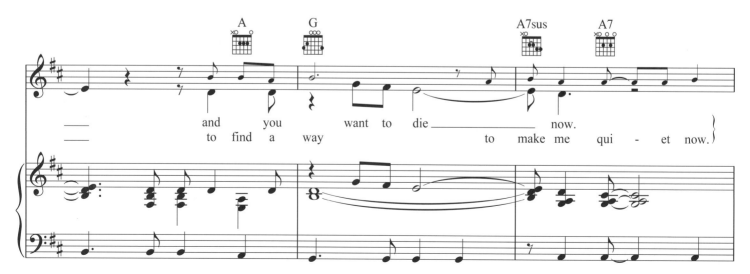

and you want to die _____ now.
to find a way to make me qui - et now.

Con - trol ___ has left ___ me and I can't feel ___

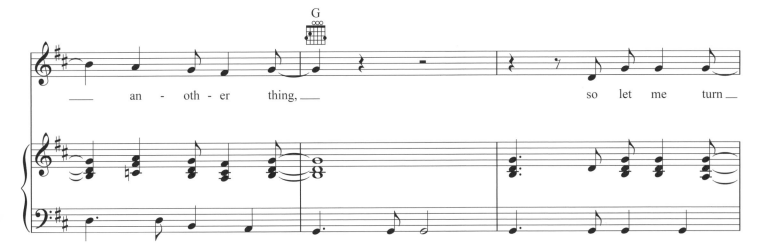

___ an - oth - er thing, ___ so let me turn ___

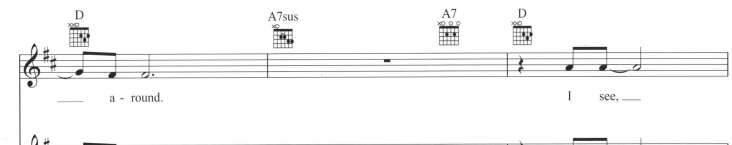

___ a - round. I see, ___

I see ___ but things just could - n't be the same, ___

so let me hold ____ you down.
so won't you hunt ____ her down.

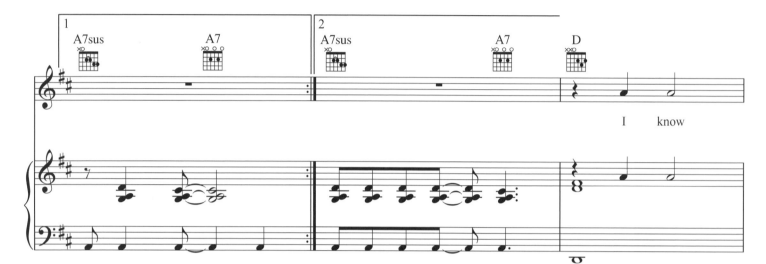

I know

she ____ said be - fore you left ____ me you ____ were

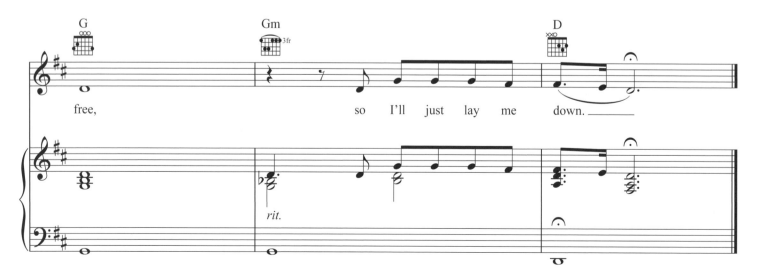

free, so I'll just lay me down. _____

*rit.*

# BE THE ONE

Words and Music by DARIUS RUCKER,
DEAN FELBER, MARK BRYAN
and JIM SONEFELD

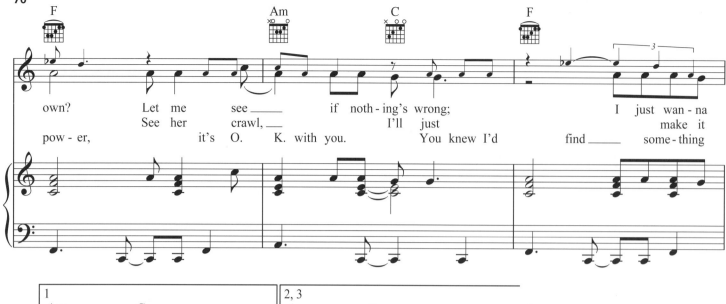

own? Let me see _____ if noth-ing's wrong; I just wan-na
pow - er, it's O. K. with you. You knew I'd find _____ some-thing

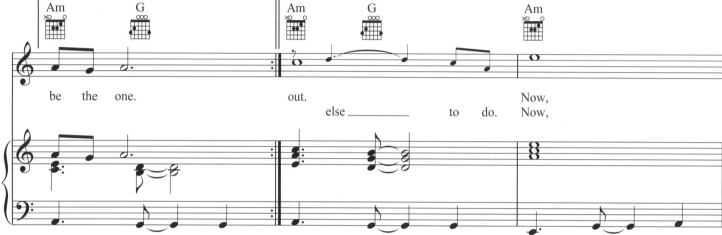

1
be the one.

2, 3
out. else _____ to do. Now, Now,

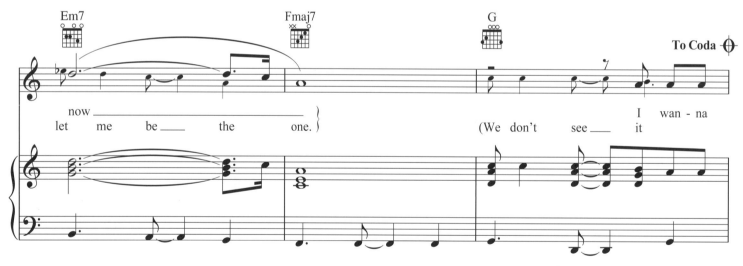

now _____ I wan - na
let me be _____ the one. (We don't see _____ it

die _____ with _____ you. _____
bleed - ing.) (Some-thing _____ no one's need -

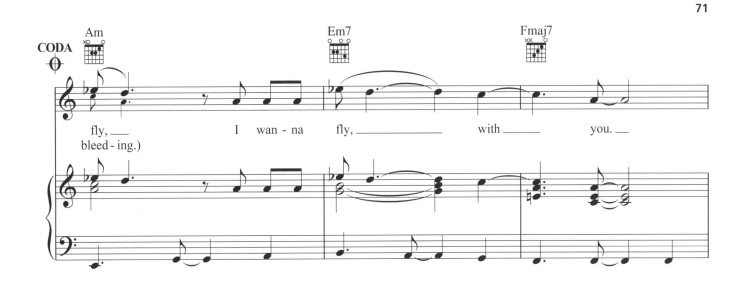

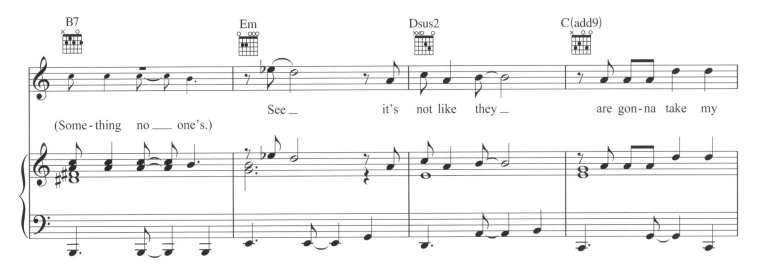

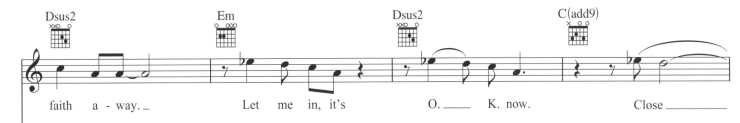

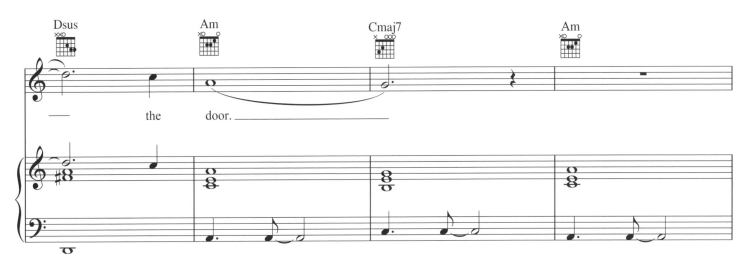

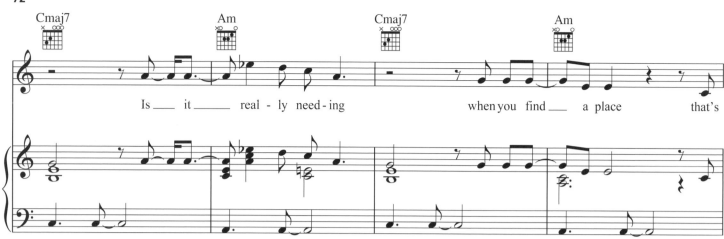

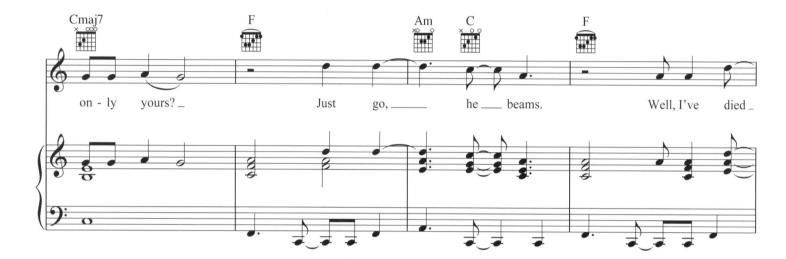

# USE ME

Words and Music by
BILL WITHERS

They keep try'n-a tell _____ me
And he tried to tell _____ me

all you real-ly wan-na do ____ is use ____
that I ought not-a let you ____ just walk ____

____ me.
____ on me.

Yeah, ___ but my an-swer, _____
And ___ I'm sure he meant well, _____

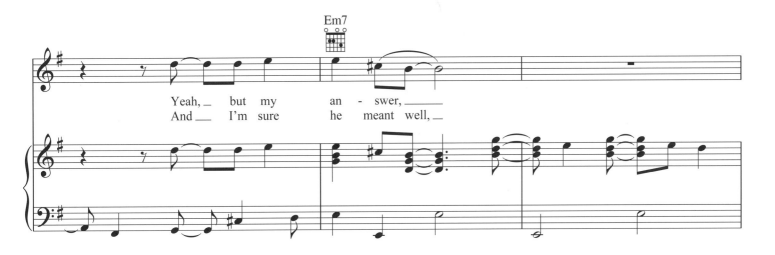

un - til you use ___ me ___ up.

Un - til you use ___ me up.
*(Tacet vocal 1st time)*

My bro -

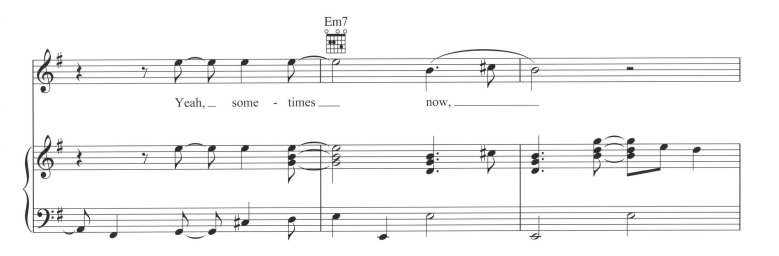

Yeah, ___ some - times ___ now, _____

you know you real - ly, real - ly do ___ a - buse ___ me. ___

You

get me in a crowd ___ of high - class peo - ple ___

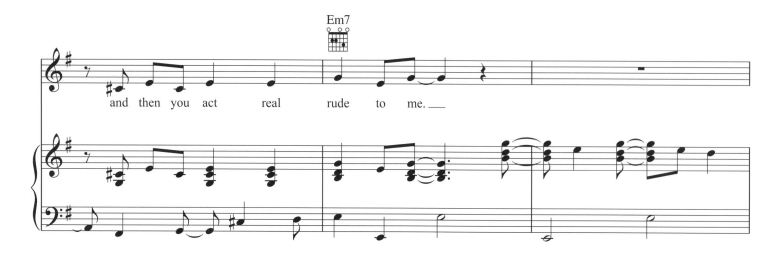

and then you act real rude to me. ___

Yeah, ___ but I ___ said, ba - by, ba -

by, ba - by, ba - by, when you love ___ me, I ___ can't get

e - nough. I, ___

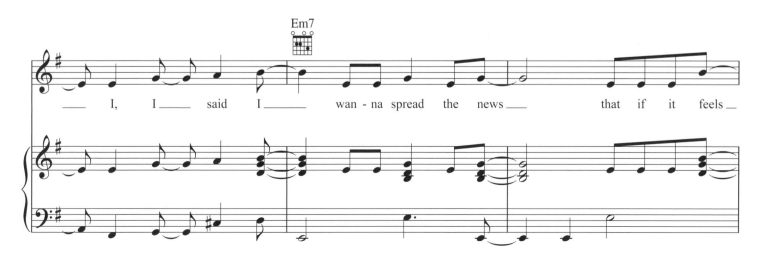

___ I, I ___ said I ___ wan - na spread the news ___ that if it feels ___

this good gettin' used, _____ you just-a keep on us - in' me _____

un - til you use ___ me ___ up.

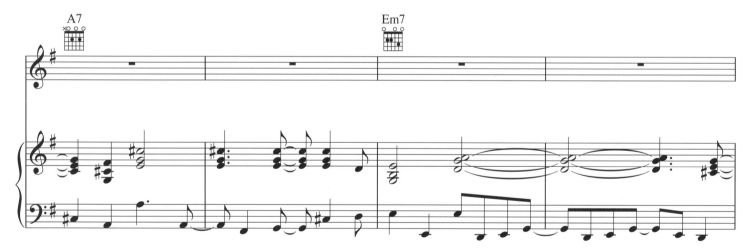

My bro -

CODA

Yeah, __ but I __ said, ba - by, ba -

by, ba - by, ba - by, when you love __ me I __ can't get

e - nough. I, __ I, I __ said I __

__ wan - na spread the news __ that if it feels __ this good __ get - tin' used, __

you just - a keep on us - in' me _____

un - til you use ___ me ___ up,

*(Ad lib. guitar solo until end.)*

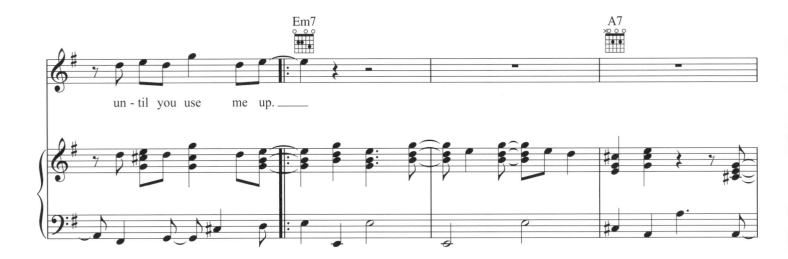

un - til you use ___ me up. _____

# INNOCENCE

Words and Music by DARIUS RUCKER,
MARK BRYAN, DEAN FELBER
and JIM SONEFELD

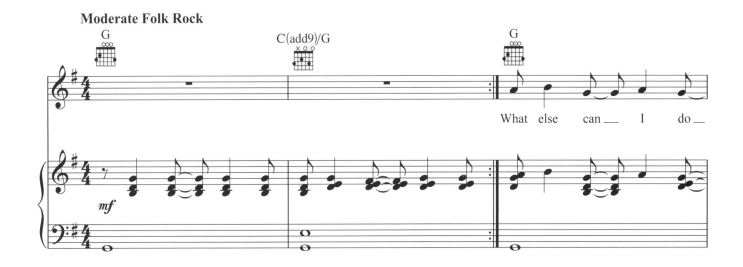

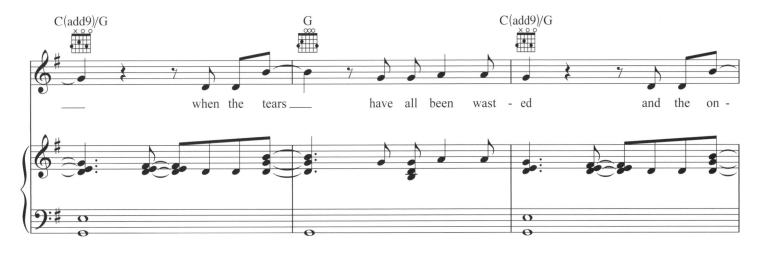

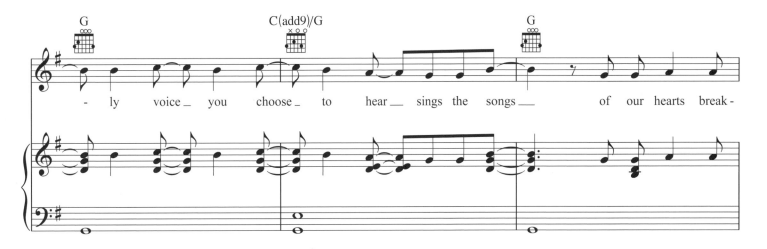

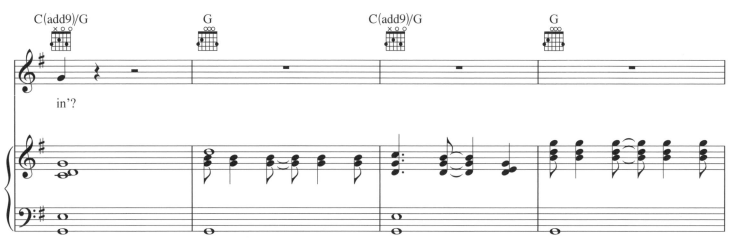

in'?

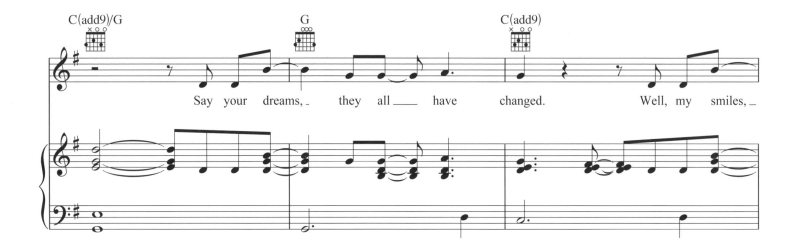

Say your dreams,— they all — have changed. Well, my smiles,—

— they all have fad - ed. And the thoughts — that used — to seem —

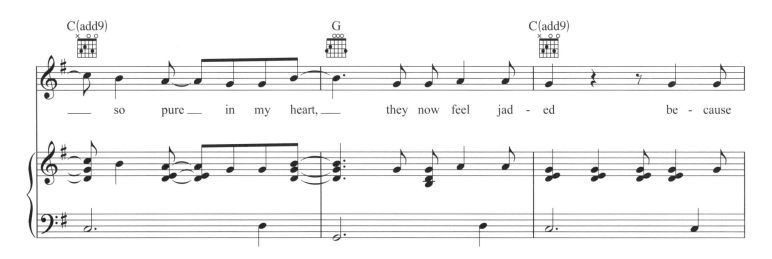

— so pure — in my heart,— they now feel jad - ed be - cause

I _____ wan-na feel ____ like ___ I did. ____ Yeah,

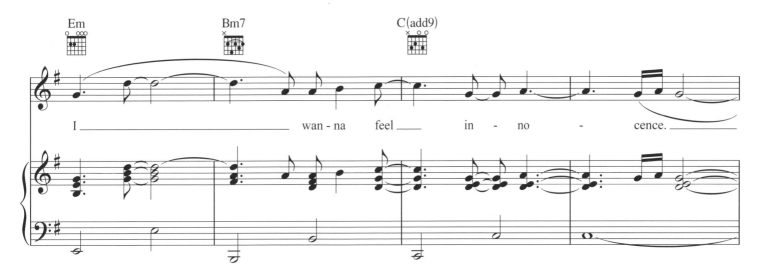

I _____ wan-na feel ____ in - no - cence. ____

___ What else can ___ there be 'cept this pride ___ I'm ___ sick of drink-

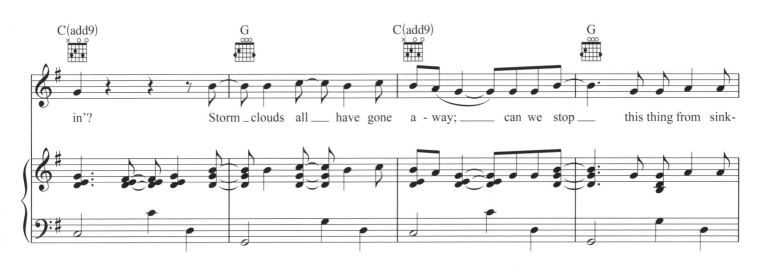

in'? Storm _ clouds all ___ have gone a-way; ____ can we stop ___ this thing from sink-

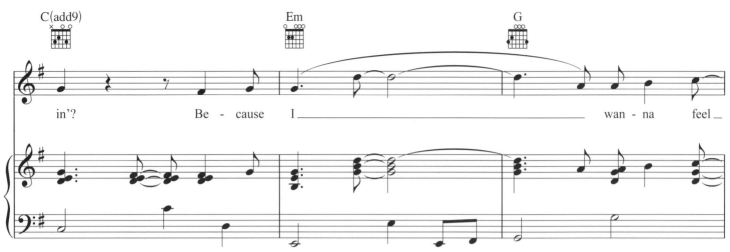

in'? Be - cause I _____ wan - na feel _

_ like _ I did. _____ Yeah, I _____

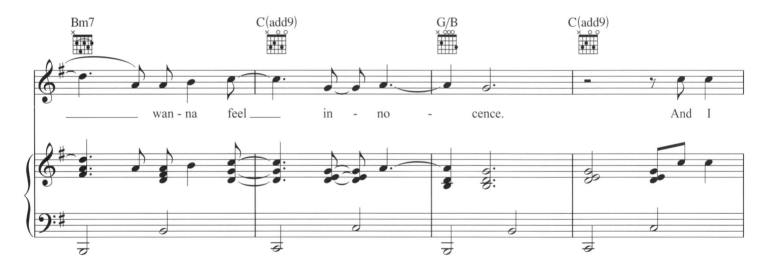

_____ wan - na feel ____ in - no - cence. And I

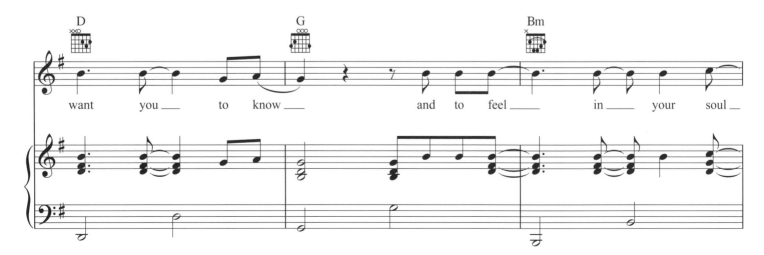

want you __ to know __ and to feel __ in __ your soul __

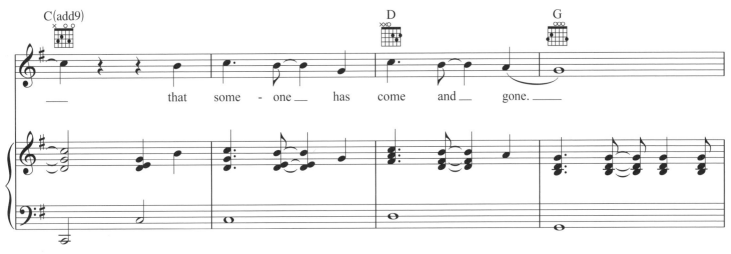

that some - one __ has come and __ gone. __

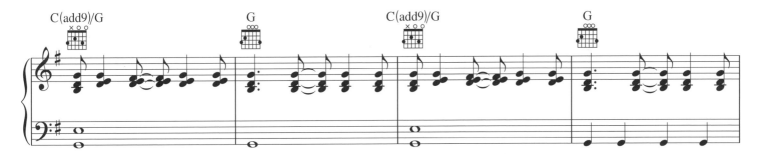

I'm stuck up here __ with __

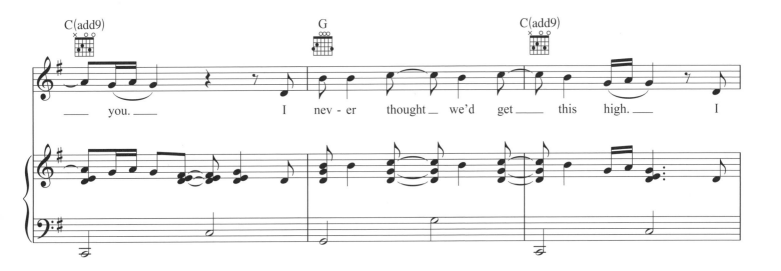

__ you. __     I nev - er thought __ we'd get __ this high. __     I

used to be _ a - fraid _ of fall - in'. _ Now _ I'll spread _ my wings _

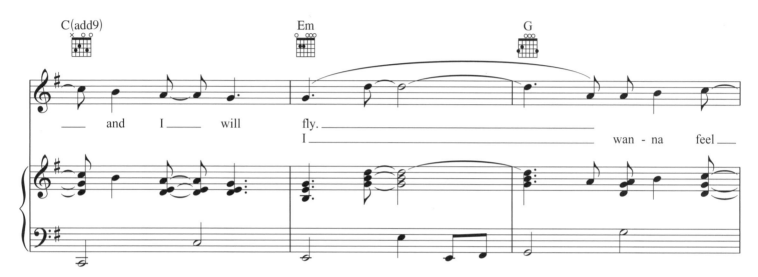

_ and I _ will fly. _
I _ wan - na feel _

_ like _ I did. _ Yeah, I _ wan - na feel _

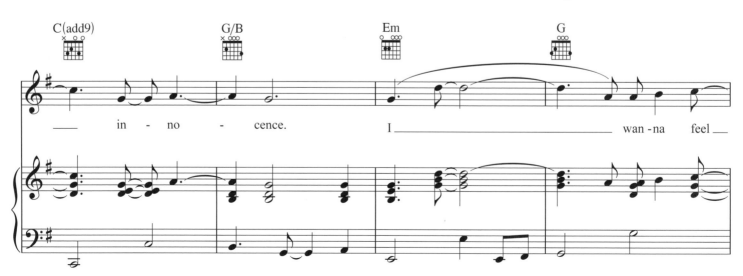

_ in - no - cence. I _ wan - na feel _

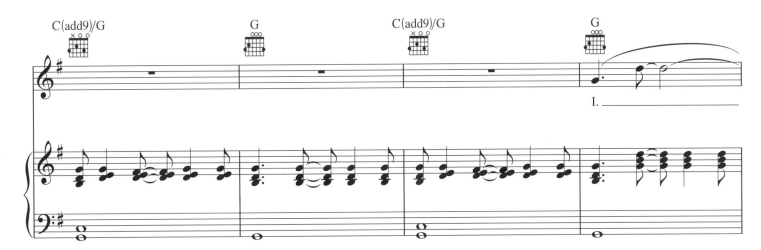

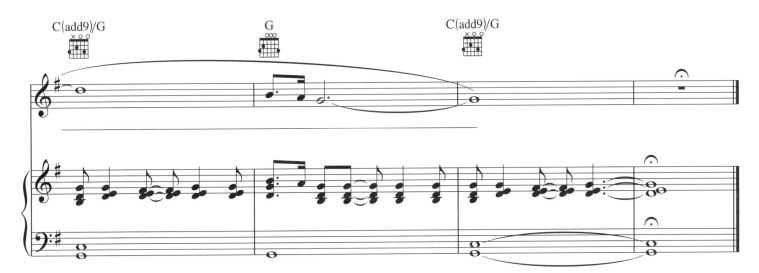

# I WILL WAIT

Words and Music by DARIUS RUCKER,
DEAN FELBER, MARK BRYAN
and JIM SONEFELD

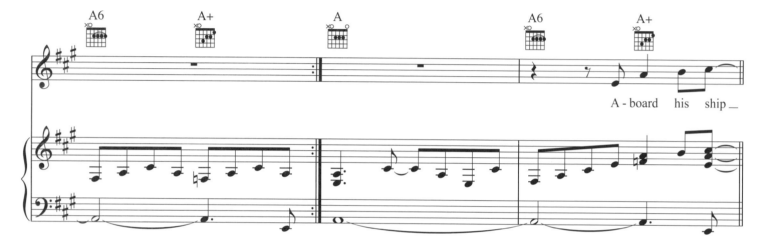

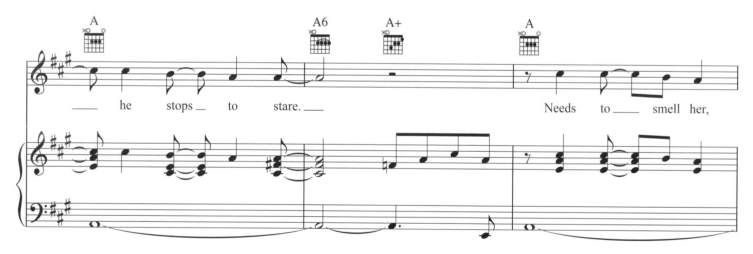

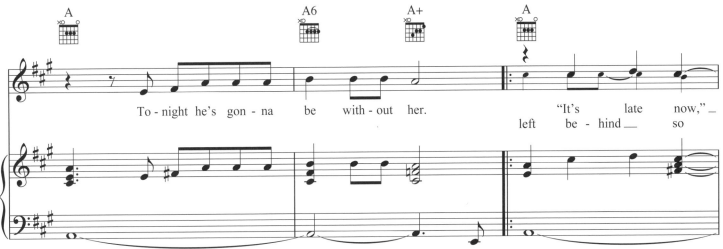

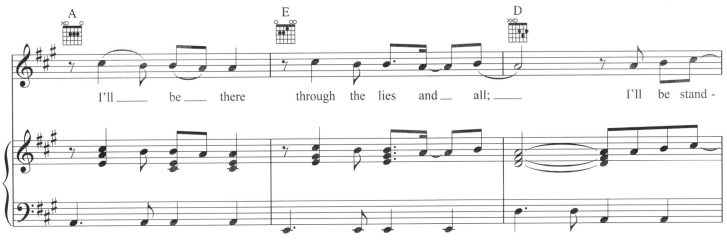

I'll ___ be ___ there through the lies and ___ all; ___ I'll be stand -

- in' like your sol - diers. And you hold ___ your se - crets

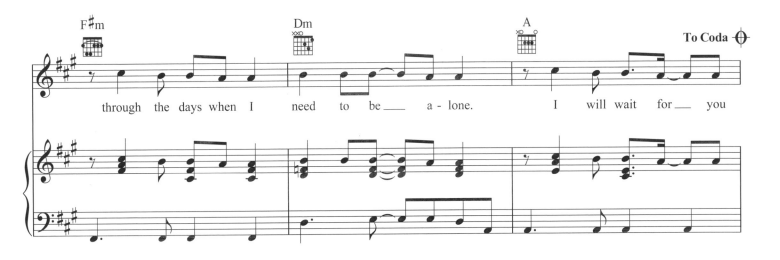

**To Coda**

through the days when I need to be ___ a - lone. I will wait for ___ you

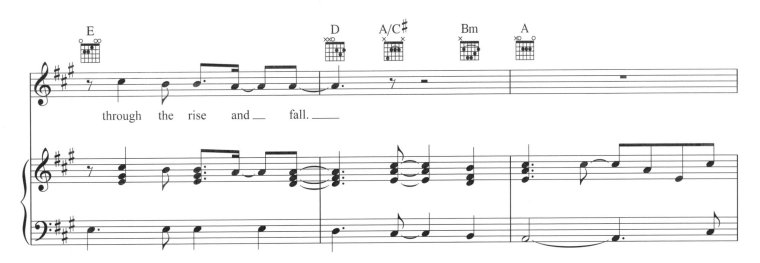

through the rise and ___ fall. ___

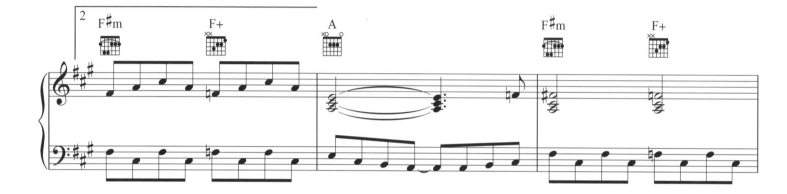

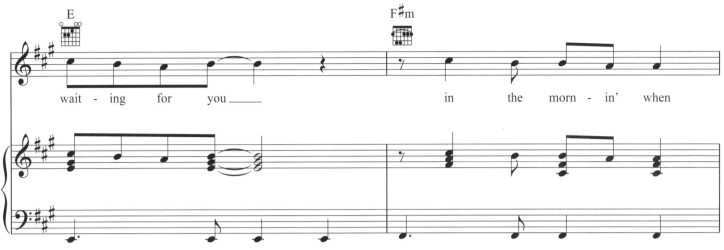

waiting for you _____ in the morn - in' when

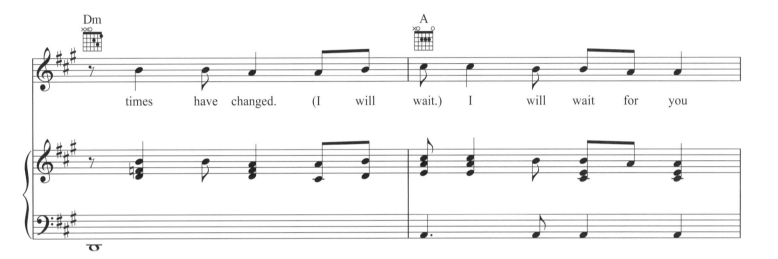

times have changed. (I will wait.) I will wait for you

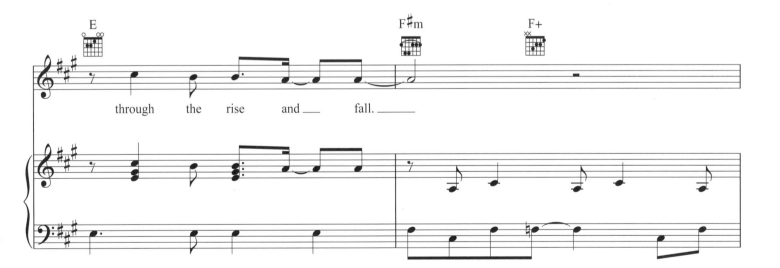

through the rise and __ fall. _____

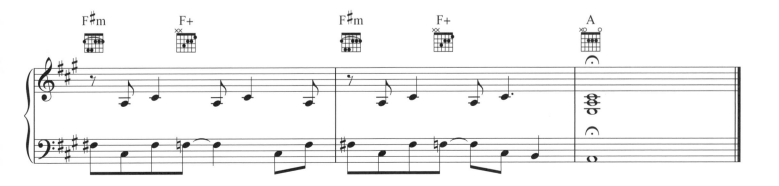

# SPACE

Words and Music by DARIUS RUCKER,
DEAN FELBER, MARK BRYAN
and JIM SONEFELD

see it in-side___ your eyes,___ feel it in___ your soul.___ A

You and I___ all___ a-lone,___ it feels do damn_ crowd - ed.___ The

part of you ___ is mov - in' on, _____ the oth - er half ___ is gone. I
house we share ___ is not ___ a home _____ when you're in - side _____ it. So

don't know what ___ you want from me, ___ no, you lock it all ___ in - side. I
now I go ___ and grab my things, ___ girl, I must be mov - in' on. I

try to give ___ you ev - 'ry - thing but there's noth - in' else ___ that I ___ can hide. ___
could - n't stand ___ to face you, so I, I guess that's why ___ I wrote ___ this song. ___

Bm                F#m                      D                A

___                                                (1., D.S.) We've been try'n so ___ long, _____
___                                                (2.) You've been try'n so ___ long, _____

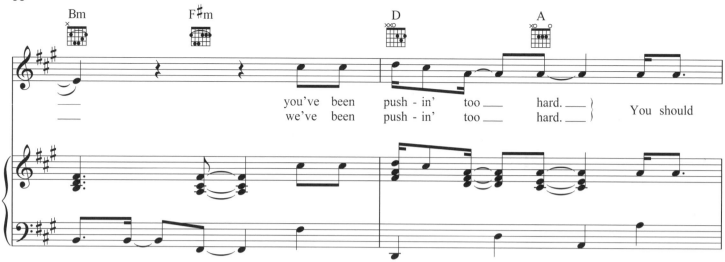

you've been push - in' too ___ hard. ___ }
we've been push - in' too ___ hard. ___ } You should

say what's ___ wrong ___ and nev - er what's right. _____ You need a

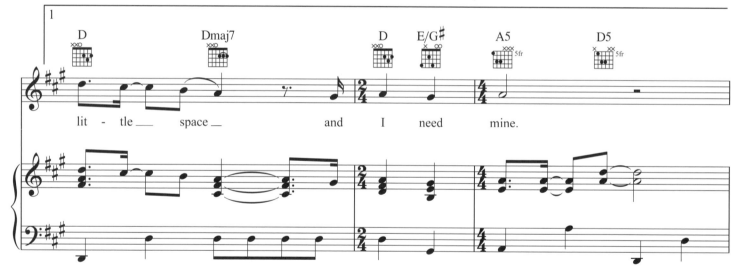

lit - tle ___ space ___ and I need mine.

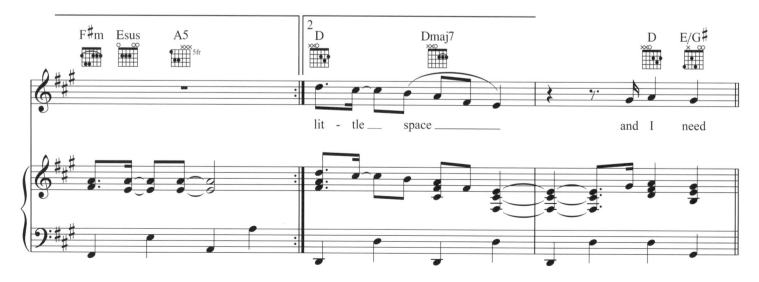

lit - tle ___ space _____ and I need

# ONLY LONELY

Words and Music by DARIUS RUCKER,
DEAN FELBER, MARK BRYAN
and JIM SONEFELD

Amaj7          E

mag - in - ing __ your face, __ your __ touch.          Then I re - al - ize _____ how I

B          F#m7

don't e - ven know your name. _____          If we could share __ our time, __ would I
                                                      If we could share __ our life, __ would I

B          F#m7

dis - ap - point your __ fan - ta - sies? _____          But I be - lieve __ that I __ could be __
dis - ap - point your __ mem - o - ries? _____          And I be - lieve __ that you __ could be __

B7          E

____ the one __ you're need - in' 'cause I'm }          on - ly lone - ly on __ the in -
____ the one __ I'm need - in'. __ And I'm }

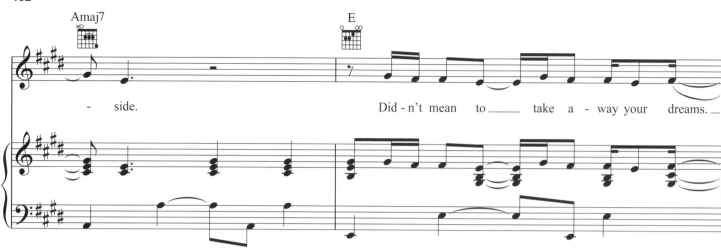

-side. Did-n't mean to _____ take a - way your dreams. _____

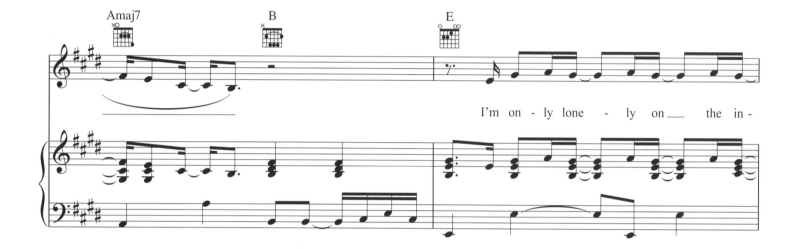

_____ I'm on - ly lone - ly on _____ the in-

-side when you close your eyes _____ to your

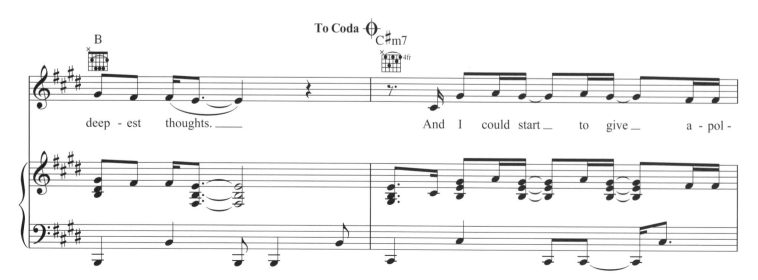

deep - est thoughts. _____ And I could start _____ to give _____ a - pol-

o - gies \_\_\_ for all the stu - pid things \_\_\_ that

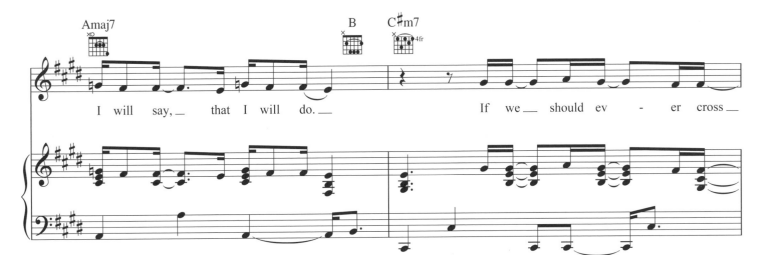

I will say, \_\_ that I will do. \_\_ If we \_\_ should ev - er cross \_\_

\_\_ the same \_\_ place at the same time, \_\_\_ would your world \_\_ skip a \_\_\_ beat

**D.S. al Coda**

'cause it \_\_ was me? _____

**CODA**

If I \_\_\_ could give back your

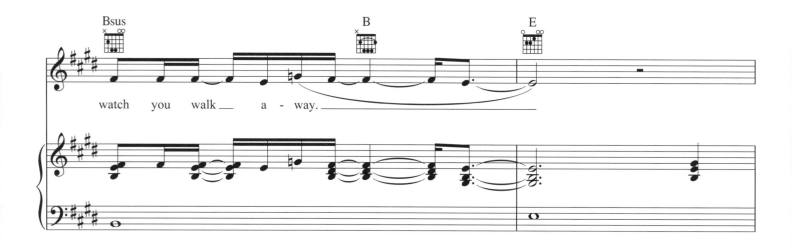

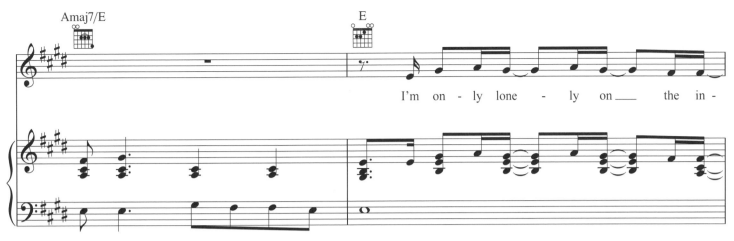

I'm on - ly lone - ly on ___ the in -

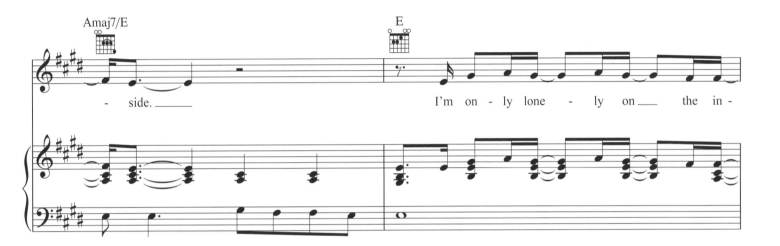

- side. ___ I'm on - ly lone - ly on ___ the in -

- side. ___ When you close your eyes, ___ what do you see? ___

___ I'm on - ly lone - ly on ___ the in - side.

*(Lead vocal ad lib. on repeat)*

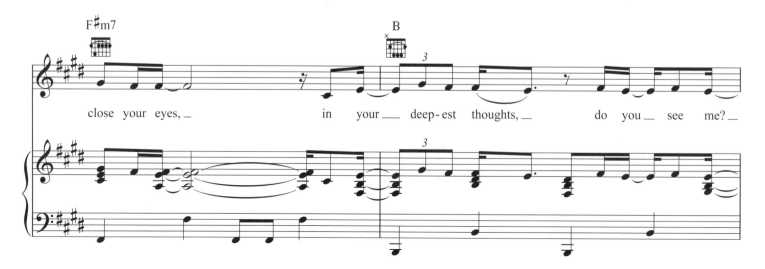

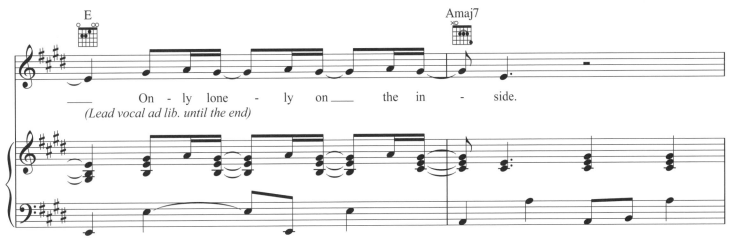

(Lead vocal ad lib. until the end)

Only lone - ly on___ the in - side.

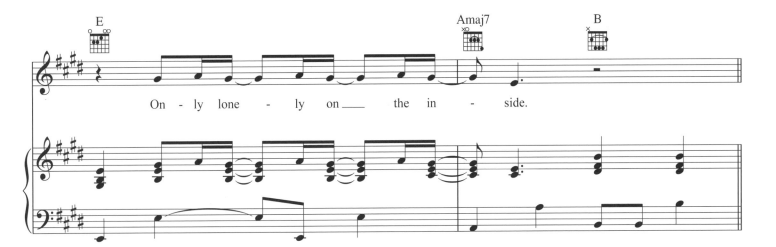

Only lone - ly on___ the in - side.

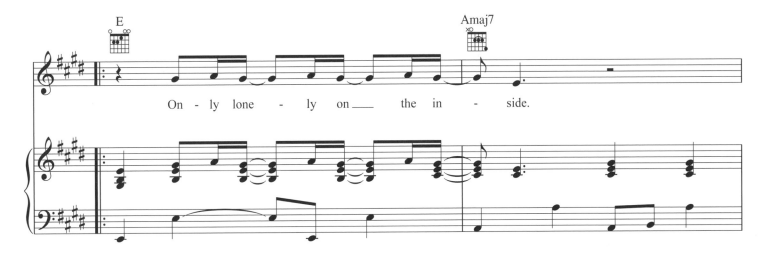

Only lone - ly on___ the in - side.

**Repeat and Fade** | **Optional Ending**

Only lone - ly on___ the in - side.

# GOODBYE GIRL

Words and Music by
DAVID GATES

All your life ___ you've wait-ed
I know you've ___ been tak-en,

for love to come and stay. ___
a-fraid to hurt a-gain. ___
And now that I ___ have found ___ you,
You fight the love ___ you feel for me,
you
in-

must not slip a-way. ___
stead of giv-in' in. ___
I know it's hard be-liev-in'
And I can't wait for-ev-er

the words you've heard be - fore. ____
help - ing you to see ____
But, dar - lin', you must trust ___ them, please, _
that I was meant for you, ___ my love, __

trust them just once more. ___ 'Cause ba - by, good - bye ____
and you were meant for me. ___ Re - mem - ber, good - bye ____
does - n't mean for - ev -
does - n't mean for - ev -

- er. _____ Let me tell you, good - bye ____
- er. _____ Let me tell you, good - bye ____
does - n't mean __ we'll nev -
does - n't mean __ we'll nev -

- er be to - geth - er a - gain. __
- er be to - geth - er a - gain. __
If you wake __ up and I'm not there, __ I
Though we may __ be so far a - part, __ you

won't be long _ a - way, _ no. 'Cause the things you do, _ my good - bye girl, _ will
_ still have _ my heart. _ So, for -

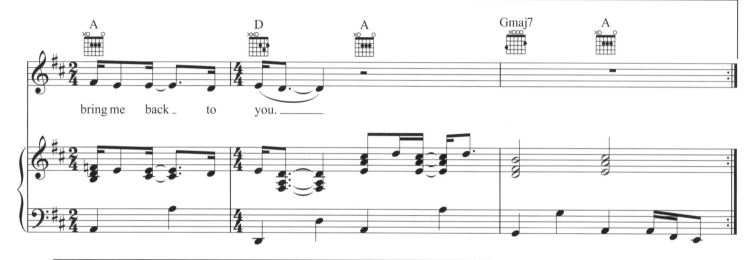

bring me back _ to you. _

get your past, _ my good - bye girl, _ now you're home _ at

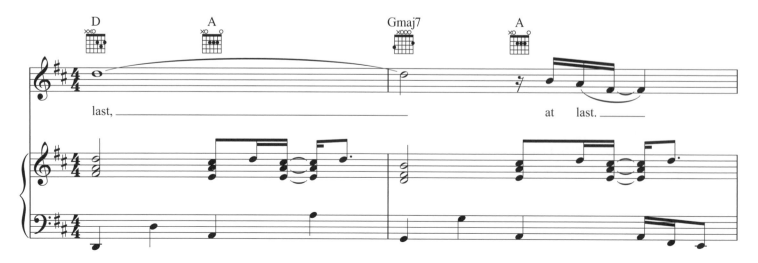

last, _____ at last. _____

*(Guitar solo ad lib.)*

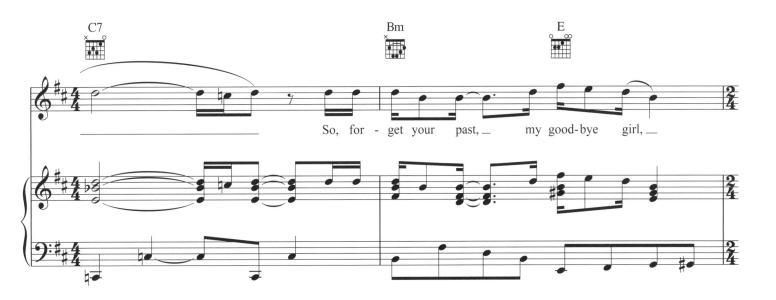

Though we may __ be so far __ a - part, you __ still have __ my heart. __

So, for - get your past, __ my good-bye girl, __

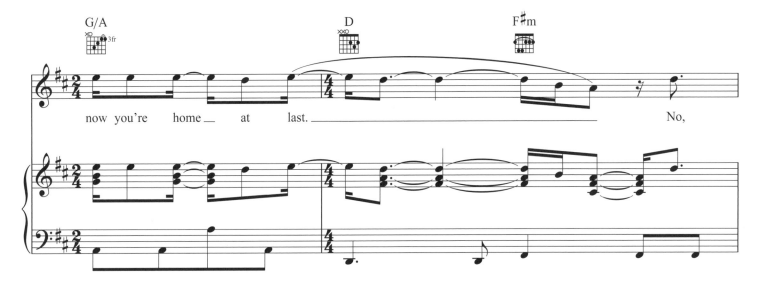

now you're home __ at last. _____ No,

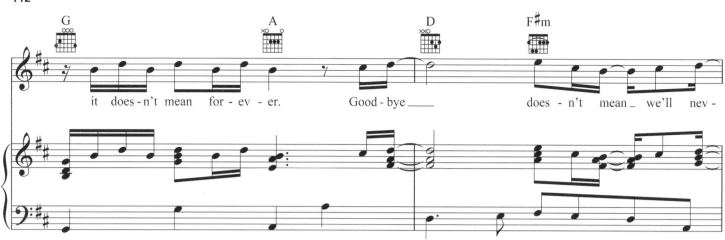

it does-n't mean for-ev-er. Good-bye _____ does-n't mean_ we'll nev-

-er be to-geth-er. Oh, a good-bye _____ does-n't mean_ for-ev-

-er. _____ Please re-mem-ber, good-bye, _____

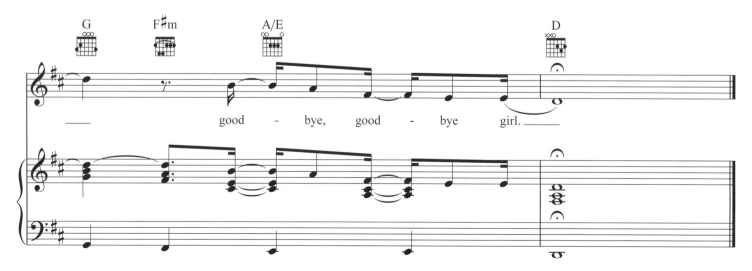

good - bye, good - bye girl. _____